中国绿色公路
研究与展望
(2018)

中国公路学会　交通运输部科学研究院 ■ 编著

人民交通出版社股份有限公司
China Communications Press Co.,Ltd.

内 容 提 要

本书系统总结了中国绿色公路发展历程与现状，分析了发展政策环境与发展趋势，介绍了典型绿色低碳技术与案例。全书由五大部分组成：第一部分为综述篇，分析了绿色公路发展的内涵与特征，梳理了绿色公路发展历程与现状，提出了未来发展趋势；第二部分为政策篇，介绍了绿色公路相关法律法规与制度、激励政策、技术政策等；第三部分为技术篇，介绍了公路规划设计、建设施工、运营养护中具有代表性的绿色低碳技术；第四部分为案例篇，提供了我国绿色公路发展的典型案例与实践；第五部分为附录，收录了中国绿色公路发展大事记和主要政策文件。

本书可供公路建设相关部门决策管理者、研究学者和有关从业人员参考使用。

图书在版编目(CIP)数据

中国绿色公路研究与展望. 2018 / 中国公路学会，交通运输部科学研究院编著. — 北京：人民交通出版社股份有限公司，2018.6

ISBN 978-7-114-14800-2

Ⅰ. ①中… Ⅱ. ①中… ②交… Ⅲ. ①道路工程—研究报告—中国—2018 Ⅳ. ①U4

中国版本图书馆 CIP 数据核字(2018)第 110936 号

书　　名：中国绿色公路研究与展望(2018)
著 作 者：中国公路学会
交通运输部科学研究院
责任编辑：韩亚楠　朱明周
责任校对：张　贺
责任印制：张　凯
出版发行：人民交通出版社股份有限公司
地　　址：(100011)北京市朝阳区安定门外外馆斜街 3 号
网　　址：http://www.ccpress.com.cn
销售电话：(010)59757973
总 经 销：人民交通出版社股份有限公司发行部
经　　销：各地新华书店
印　　刷：北京鑫正大印刷有限公司
开　　本：880×1230　1/16
印　　张：11
字　　数：206 千
版　　次：2018 年 9 月　第 1 版
印　　次：2018 年 9 月　第 1 次印刷
书　　号：ISBN 978-7-114-14800-2
定　　价：100.00 元
(有印刷、装订质量问题的图书由本公司负责调换)

编 委 会

序　言

“生态兴则文明兴，生态衰则文明衰”是习近平生态文明思想的重要内容，是习近平新时代中国特色社会主义思想的重要组成部分，是新时代我国交通运输行业生态文明建设的根本遵循和行动指南。

公路交通是国民经济和社会发展的基础性、先导性、服务性和战略性行业。改革开放以来，我国交通运输总体上经历了从“瓶颈制约”到“初步缓解”，再到“基本适应”经济社会发展需求的发展阶段，公路建设水平与世界一流水平的差距快速缩小，部分领域已经实现并跑和超越，一个走向现代化的综合交通运输体系正展现在世界面前。

公路也是资源密集型和对生态环境影响较大的行业，近年来，公路行业坚持树立和践行“绿水青山就是金山银山”的理念，绿色公路的概念愈发明晰，绿色公路相关法规标准和政策制度体系不断完善，新技术、新材料、新工艺、新产品研发应用持续推进，通过开展绿色公路主题性试点和典型示范工程，积极培育绿色公路产业和服务市场，交通行业经历了从最初朴素的集约节约利用材料，到全方位、全系统、全寿命地推进公路领域绿色可持续发展的过程。“人与自然生命体”的绿色发展理念在公路行业中得到了不断提升与深化，能源资源利用效率和生态环境保护水平不断提升，新时代绿色公路发展将成为绿色交通建设的重要亮点。

绿色公路是生态文明思想在公路发展领域的集中体现，它包含绿色设计、绿色施工、绿色运维。将绿色发展理念贯穿于公路发展的全领域、全方位、全过程，走生态优先、绿色发展新道路，是公路行业的价值趋向。良好生态环境是最普惠民生福祉，要坚持生态惠民、生态利民、生态为民，让绿色公路成为绿色优质生态产品，既满足人民的出行需要，又能够同时满足人民日益增长的优美生态环境需要。

《中国绿色公路研究与展望(2018)》是中国公路学会与交通运输部科学研究院

共同打造的我国首部以绿色公路为主题的年度报告，阐明了绿色公路的内涵特征及评价指标体系，总结回顾了中国绿色公路发展历程、主要发展成效与问题，指明了发展政策环境、发展趋势和未来方向，研究了公路规划、建设、运营管理中使用的绿色循环低碳技术以及绿色公路典型案例，致力于打造成为公路行业生态文明建设与绿色发展领域经验总结、技术交流、政策宣传的重要载体。

2018 年 **8** 月 **2** 日

前　言

党的十八大提出将生态文明建设纳入“五位一体”总体布局，努力建设美丽中国。党的十九大明确将“坚持人与自然和谐共生”作为治国理政的基本方略之一。习近平总书记在2018年5月召开的全国生态环境保护大会上进一步强调，生态文明建设是关系中华民族永续发展的根本大计，要坚决打好污染防治攻坚战，推动生态文明建设迈上新台阶。习近平生态文明思想是习近平新时代中国特色社会主义思想的重要组成部分，是新时代交通运输生态文明建设的根本遵循。

公路交通是国民经济和社会发展的基础性、先导性、服务性和战略性行业，同时也是资源密集型和对生态环境影响较大的行业，绿色发展责任重大。近年来，公路行业深入贯彻中央关于生态文明建设和绿色发展的战略部署，全面落实交通运输部关于绿色公路建设的总体安排，不断完善绿色公路相关法规标准和政策制度体系，切实强化新技术、新材料、新工艺、新产品研发应用，着力开展绿色公路主题性试点和典型示范工程，积极培育绿色公路产业和服务市场，公路行业能源资源利用效率和生态环境保护水平不断提升，走出了一条中国特色的公路绿色发展道路，绿色公路发展迈向了新时代，成为我国绿色交通建设的重要亮点，同时也为世界交通绿色发展贡献了中国智慧、中国方案。此外，绿色公路建设是交通强国建设的重要组成部分，当前我国高速公路通车里程已位居世界第一，未来一段时间仍将是公路交通较为快速发展的重要时期，要大力推进绿色公路建设，实现高质量发展，为实现交通运输现代化、建设交通强国夯基垒台。

本书较为系统地总结了绿色公路发展历程与现状，由中国公路学会和交通运输部科学研究院组织编写。本书由五大部分组成：第一部分是综述篇，分析了绿色公路发展的内涵与特征，梳理了绿色公路发展历程与现状，提出了未来发展趋势与愿景；第二部分是政策篇，主要研究绿色公路相关法律标准、法规与制度、激励政策、技术政策、人才培养与宣传交流等；第三部分是技术篇，主要研究了公路规划、建设、运营管理中使用的绿色技术，这些技术大部分已经在我国公路工程中得到较好的应用；第四部分是案例篇，筛选了我国绿色公路发展中的一些典型案例，总结了贵州盘兴、吉林鹤大、云南武易、江西庐山西海、陕西黄延等高速公路以及浙江淳杨公路建设绿色公路的实践经验；第五部分为附录，收录了中国绿色公路发展大事记和主要政策文件。

本书观点是根据学者研究成果和相关企业建设运营管理经验总结提炼的，不当之处，请读者批评指正。

中国公路学会

交通运输部科学研究院

2018年8月

目　录

第一篇　综　述　篇

第二篇　政　策　篇

第三篇 技 术 篇

第四篇　案　例　篇

附　　录

PART 1 第一篇

综　述　篇

公路交通是国民经济和社会发展的基础性、先导性、服务性和战略性行业，同时也是资源密集型和对生态环境影响较大的行业，绿色发展责任重大。长期以来，中国公路行业不断提升发展理念，全面落实“五位一体”总体布局和协调推进“四个全面”战略布局，以创新、协调、绿色、开放、共享发展理念为统领，以深化改革创新为根本动力，强化绿色科技创新，着力完善制度体系，深入开展试点示范，大力推进绿色公路建设，取得显著成效，成为国家生态文明建设和绿色发展的重要亮点。

第一章　绿色公路发展理念

一、绿色公路的概念

绿色公路是绿色交通的重要组成部分，是公路建设与经济社会协调发展、与自然生态和谐共生的可持续发展方式，以最小的能源资源消耗和生态环境代价，最大限度地满足人们对公路建设的需求，推动公路行业实现资源节约、环境友好。绿色公路的概念是：在公路的全寿命周期内，以创新、协调、绿色、开放、共享为发展理念，最大限度地降低能源消耗、控制资源占用、减少污染排放、保护生态环境，注重建设品质提升与运行效率提高，为人们提供安全、舒适、便捷、美观的行车环境，并且与自然和谐共生的公路。

绿色公路发展理念是随着人们认识的不断提升而逐步丰富、完善、发展的，是"资源节约型、环境友好型"发展理念、"六个坚持、六个树立"公路建设理念在新时期的拓展提升，是绿色循环低碳公路、生态公路在新时期的继承发展，是资源节约、环境保护、生态友好技术在新时期的集成应用。绿色公路建设更加注重统筹公路建设全过程，更加注重公路与环境、社会多系统的统筹协调，更加注重资源节约、环境友好等要求的贯彻和落实，更加注重公路建设及运行管理的质量和效率，更加注重需求引领下公路服务品质和水平的提升。

绿色公路是生态文明和绿色交通发展理念在公路建设领域的集中体现，具体可以从不同维度、不同视角来全面理解和准确把握。

一是全领域，绿色公路的重点领域涵盖节能降碳、资源节约循环利用、污染防治、生态保护等。

二是全方位，绿色公路的实现途径体现全方位，主要包括优化结构、提质增效、科技创新、能力建设等手段。

三是全过程，绿色公路建设应体现全生命周期理念，把绿色发展理念和要求贯穿于决策、规划、设计、施工、运营、维护、运输、管理等全过程之中。

绿色设计：将可持续发展理念融入公路的设计阶段，开展全寿命周期技术经济论证及环境影响分析，在满足公路使用功能要求的基础上，充分考虑公路在施工建设、运营养护阶段可能对环境、资源造成的影响，采取科学、合理、灵活的设计措施，促进公路向更节能、更环保、更安全、更舒适的方向发展。

绿色施工：在保证公路施工质量、安全等基本要求的前提下，通过新材料、新工艺、新技术、新设备的应用和管理创新,最大限度地保护生态环境、提高资源利用效率、降低能源消耗和减少污染物排放的施工活动。

绿色养护:运用科学管理手段和先进检测、维修技术,在保证公路养护质量与安全的同时,显著降低资源占用、减少环境污染和能源消耗,实现公路长期高水平服役。

四是全要素,绿色公路的对象涵盖资源环境的全要素,体现“大绿色”。资源节约的对象是土地、能源、材料等主要资源,而环境友好的对象主要是指大气、水、土壤、声等自然生态环境。

五是全员参与,绿色公路的参与主体包括政府、企业、行业中介组织和社会公众等,形成政府有效推动、企业自觉行动、社会共同参与的绿色发展长效机制。

二、绿色公路的内涵与特征

1.绿色公路内涵

绿色公路的基本内涵是牢固树立生态文明建设和绿色发展的核心理念,充分考虑经济社会发展和资源环境承载力,以节约优先、保护优先为指导方针,以转型升级、提质增效为重点任务,以深化改革、创新驱动为根本动力,以绿水青山、永续发展为目标追求,以统筹协调、示范引领为基本方法,以节能降碳、污染防治、生态保护和资源节约循环利用为主要领域,全面推进公路建设基本实现现代化,最终实现公路行业与经济社会和自然环境的协调发展。具体体现为按照系统论和周期成本思想,以工程质量、安全、耐久、服务为根本,坚持“两个统筹”,把握“四大要素”,以理念提升、创新引领、示范带动、制度完善为途径,推动公路建设发展的转型升级。

坚持“两个统筹”是绿色公路建设的思想精髓。一方面要坚持统筹公路资源利用、能源消耗、污染排放、生态影响、运行效率、功能服务之间的关系,寻求公路、环境、社会等方面的系统平衡与协调;另一方面要坚持统筹公路规划、设计、建设、运营、管理、服务全过程,以最少的资源占用、能源耗用、污染排放、环境影响,实现外部刚性约束与公路内在供给之间的均衡和协调。

把握“四大要素”是推动绿色公路建设的关键。在绿色公路建设过程中,坚持以质量优良、安全耐久为前提,重点在“资源节约、生态环保、节能高效、服务提升”四方面实现突破,以控制资源占用、减少能源消耗、降低污染排放、保护生态环境、拓展公路功能、提升服务水平为具体抓手,全面提升公路工程建设水平。

2.绿色公路主要特征

绿色公路的主要特征集中体现为“三低三高”,即低消耗、低排放、低污染,高效能、高效率、高效益，最终实现绿色效益，具体体现在：

一是低消耗，是指公路建设对土地、岸线、通道、水、建筑材料等自然资源占用尽可能降低，油品、电力等能源消耗量尽可能减少。

二是低排放，是指公路建设养护过程中产生的温室气体、废水、废气、固体废弃物、噪声等排放显著降低。

三是低污染，是指公路建设产生水污染、大气污染、噪声污染等污染显著降低，从源头削减、过程防控、末端治理综合施策，有效保护和改善水、大气、声、土壤、生态等环境，使公路建设造成的环境负面影响有效降低。

四是高效能，是指相关政府部门通过综合采取法律、经济、行政、技术等手段，公路行业资源环境治理体系和治理能力现代化水平较高。

五是高效率，是指通过对公路建设需求和供给进行有效调控和结构优化，不断提升效率，提高科技进步贡献率和全要素生产率，以尽可能少的公路建设能源、资源消耗和生态环境代价，满足最大的公路建设服务需求，实现公路建设运行效率和能源利用效率的显著提高。

六是高效益，是指通过提高能源利用效率，实现企业经营成本的显著降低，进而促进公路建设成本有效降低，尽可能提高公路发展的效益，实现经济效益、社会效益和环境效益的有机统一。

三、绿色公路评价指标体系

绿色公路评价指标体系是测度绿色公路发展的有效手段和工具，是公路行业绿色发展的风向标，使绿色公路这个抽象的复杂系统变得可被理解、被测量。

自2013年起，我国已开始着手研究绿色公路评价体系，并研究制定了《绿色循环低碳公路考核评价指标体系（试行）》（表1-1-1）。该体系共分为强度性指标、体系性指标、保障性指标和特色性指标，共计20个指标，指标主要聚焦公路建设阶段，重点关注节能减排领域。

绿色循环低碳公路考核评价指标体系（试行）　　表1-1-1

指标类别		指标名称
强度性指标	能耗强度	1. 建设期能耗下降率
	二氧化碳排放强度	2. 建设期二氧化碳排放下降率
体系性指标	绿色低碳技术应用	3. 耐久性路面结构使用率
		4. 温拌沥青路面使用率
		5. 高性能混凝土使用率
		6. 旧路面材料再生利用率

续上表

指标类别		指标名称
体系性指标	绿色低碳技术应用	7. 可循环材料使用率
		8. 可再生能源应用率
		9. 公路节能照明技术使用率
		10. 公众服务及低碳运营指示系统应用
		11. 车辆超限超载不停车预检系统应用
		12. 隧道通风智能控制系统应用
		13. ETC 覆盖率
		14. 施工期集中供电措施应用
		15. 公路沿线设施绿色建筑建设
		16. 施工机械低碳技术改造
保障性指标		17. 节能减排组织机构及工作机制建设
		18. 节能减排统计监测体系建设
		19. 节能减排目标责任评价考核制度
		20. 节能减排宣传培训
特色性指标		可依据公路特点、项目创新情况,设立自定义项。自定义项应当符合绿色循环低碳公路与可持续发展的宗旨,并且达到可测算、可报告、可核实。申请方应在实施方案中提出自定义项申请,并阐述申请理由及分值

注:仅考核建设阶段。

随着绿色交通发展内涵和概念的不断深化,2015 年,在《绿色循环低碳公路考核评价指标体系(试行)》的基础上逐渐丰富,并将关注的重点延展至公路运营阶段,形成了《绿色交通示范区工程(公路建设)评价指标(征求意见稿)》(表 1-1-2)和《绿色交通示范区工程(公路运营)评价指标(征求意见稿)》(表 1-1-3)两套评价体系,这两套评价体系将指标类别重新归纳为强度指标、过程指标和管理指标。其中公路建设阶段包括 13 个指标,公路运营阶段包括 14 个指标。公路建设评价指标体系中的过程指标,更关注技术的应用情况,如节能技术、环保技术、资源循环利用技术的应用情况等。

绿色交通示范工程(公路建设)评价指标(征求意见稿) 表 1-1-2

类别	序号	指标名称
强度指标 (15 分)	1	公路建设万元建安费能耗
	2	公路建设万元建安费二氧化碳排放

续上表

类　　别	序　　号	指 标 名 称
过程指标 (65 分)	3	天然气拌和站数量占比
	4	节能技术应用情况
	5	环保技术应用情况
	6	资源循环利用技术应用情况
	7	面向公路养护的节能减排技术应用情况
	8	面向公路运营的节能减排技术应用情况
管理指标 (20 分)	9	节能减排组织领导
	10	节能减排制度建设
	11	节能减排能力建设
	12	节能减排市场机制
	13	节能减排宣传培训

绿色交通示范工程(公路运营)评价指标(征求意见稿)　　表 1-1-3

类　　别	序　　号	指 标 名 称
强度指标 (15 分)	1	路面养护作业万元建安费能耗
	2	路面养护作业万元建安费二氧化碳排放
过程指标 (65 分)	3	可再生能源用量占比
	4	节能照明灯具数量占比
	5	预防性养护实施情况
	6	节能技术应用情况
	7	环保技术应用情况
	8	公路路面材料循环利用率
	9	公众出行信息服务情况
管理指标 (20 分)	10	节能减排组织领导
	11	节能减排制度建设
	12	节能减排能力建设
	13	节能减排市场机制
	14	节能减排宣传培训

绿色公路发展进入新时代,把绿色理念和要求贯穿于公路规划、设计、施工、运营、养护、管理全生命周期的发展模式是绿色公路发展的趋势和方向。同时,随着绿色公路内涵的不断延伸,绿色公路的覆盖范围也将有所扩展,从节能减排单一领域逐渐向生态环保、资源节约、科技创新、品质建设等多领域转变。因此,新时代背景下的绿色公路评价体系应将发展阶段和发展领域统筹考虑,从绿色公路规划、设计、建设、运营、养护、管理等六个方面,围绕绿色理念、节能降碳、资源节约、生态保护、科技创新等领域,实现二维化评价模式,构建二维评价体系框架图1-1-1,并在二维评价体系框架的指导下,对桥梁、隧道等公路工程具体细化出绿色评价指标,使评价更具有针对性和可操作性。

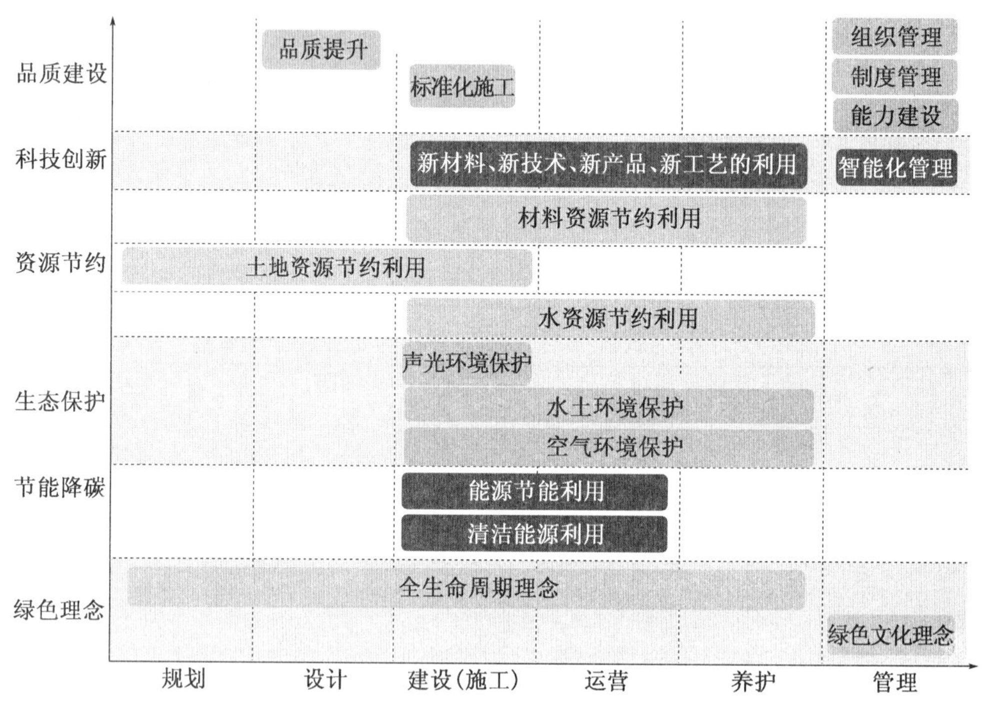

图1-1-1 绿色公路二维评价体系框架图

近年来,国家大力支持团体标准发展,特别是新《中华人民共和国标准化法》的实施赋予了团体标准法律地位,鼓励学会、协会等社会团体发挥市场和主导作用,规范行业组织行为。评价和影响行业发展由政府的行政行为逐步向学会、协会等社会团体的市场行为转移已是大势所趋。因此,未来行业学会、协会等社会团体将逐渐发展成为评价公路行业绿色发展的重要主体。

第二章　绿色公路发展历程

新中国成立六十多年来，中国公路发展总体上经历了从“瓶颈制约”到“初步缓解”，再到“基本适应”经济社会发展需求的奋斗历程，公路发展水平与世界一流水平的差距快速缩小，部分领域已经实现超越，一个走向现代化的公路网体系正展现在世界面前。如何统筹好生态环境保护与持续快速发展之间的关系，一直是公路建设发展中无法回避的问题。同其他新事物的诞生发展一样，中国绿色公路发展也经历了从朴素思想萌芽，到理念逐步提升、理论日趋成熟、实践不断深入的发展历程。广大公路从业者在建设管理实践中从最初朴素的集约节约思想，发展至逐步重视环境保护、节能减排与可持续发展工作，再到自觉践行资源节约环境友好发展理念，逐步迈入全地域、全领域、全方位、全民行动推进绿色公路发展的新时代。特别是改革开放以来绿色公路发展取得了一系列标志性、转折性的进展，总体上可以划分为三个阶段。

一、改革开放至二十世纪末——公路环境保护和可持续发展问题逐步得到重视

改革开放以来，国家确定了以经济建设为中心，对内搞活、对外开放的发展方针，国民经济持续发展，人民生活水平快速提高，对交通运输产生了旺盛的需求。公路建设得到中央和地方各级政府的高度重视，“要想富、先修路”的理念深入人心。为缓解交通运输对经济社会发展的瓶颈制约，公路行业先后制定了国道网规划、“三主一支持”等长远发展规划，特别是抓住国家实施积极财政政策的机遇，加快推进公路基础设施建设，实现了公路交通跨越式发展。1988 年，上海至嘉定高速公路和被誉为“神州第一路”的沈大高速公路的建成通车，拉开了中国高速公路大发展的序幕。一个干支衔接、布局合理、四通八达的全国公路网已初步形成，路网集约化、高效化发展水平明显提升。

公路建设在快速发展的同时，不可避免地会占用大量土地特别是耕地资源，穿越湿地、林地、自然保护区、风景名胜区、饮用水源保护区等环境敏感区，加重了对生态环境和自然资源的负荷。改革开放初期，面对国家能源资源短缺和生产条件有限的现实情况，公路行业在“多快好省”朴素思想的指导下，从节水节材、节能省地、降低物耗、节省投资等角度出发，在工程建设实践中积极开展技术、材料、工艺、方法、管理等方面创新与应用。1981 年国务院印发《关于在国民经济调整时期加强环境保护工作的决定》，原交通部制定印发了全面

落实国务院决定的相关政策文件,积极推进行业相关环境保护工作。随着1986年《中华人民共和国土地管理法》、1989年《中华人民共和国环境保护法》、1997年《中华人民共和国节约能源法》等法律的颁布实施,公路建设节约用地、环境保护、节能减排等工作日益得到重视并逐步纳入了法制化轨道。公路建设在节约资源、生态景观、环保治污、绿化美化等方面开展了大量卓有成效的工作。但从总体来看,这一时期公路交通更加强调加快发展,以基础设施建设为重点,主要依赖资源、能源、资金等要素驱动,对资源环境问题关注度还不够,中国公路发展总体上呈现出数量扩张、粗放型增长的特点。

二、新世纪初至党的十八大——积极探索建设资源节约型环境友好型公路

跨入新世纪,我国已进入从解决温饱到全面建设小康社会的新的发展时期。站在新的历史起点上,中央相继提出了科学发展观、构建社会主义和谐社会、加快建设资源节约型环境友好型社会等战略部署。面对新形势、新要求,我国相继发布了国家高速公路网、农村公路等一批重大规划,进行了世界上规模最大的公路交通基础设施建设,高速公路保持较快发展,农村公路建设取得突破性进展,公路交通发展取得历史性巨大成就。但与此同时,能源资源紧缺和生态环境恶化问题日益凸显,公路交通可持续发展面临严峻挑战。

面对发展中的新问题、新挑战,交通运输部提出深入贯彻落实科学发展观,树立"以人为本、好中求快、全面协调、可持续发展"的新理念,加快发展现代交通运输业,积极探索中国特色的资源节约型、环境友好型交通发展之路,制定颁布了《建设节约型交通指导意见》《资源节约型环境友好型公路水路交通发展政策》等文件;大力推广"六个坚持、六个树立"勘察设计新理念(即:坚持以人为本,树立安全至上的理念;坚持人与自然相和谐,树立尊重自然、保护环境的理念;坚持可持续发展,树立节约资源的理念;坚持质量第一,树立让公众满意的理念;坚持合理选用技术指标,树立设计创作的理念;坚持系统论的思想,树立全寿命周期成本的理念);以"五化"(即发展理念人本化、项目管理专业化、工程施工标准化、管理手段信息化、日常管理精细化)为重要抓手,加快推进现代工程管理,全行业可持续发展理念逐步提升,从业人员生态环保意识不断增强。建成了一批以渝湛高速公路粤境段为代表的生态环保高速公路,和以思小路、川九路、神宜路等为代表的交通运输与自然环境相协调的示范公路;继而又建成了我国沙漠地区"绿色高速走廊"——陕西榆靖高速公路。绿色公路理念在行业实践中得到了不断丰富发展与拓展提升。

1. 可持续发展理念

2001年7月,原交通部颁布《公路水路交通"十五"发展计划》,首次提出公路可持续发

展的理念，旨在合理使用、节约和保护资源，积极推进绿色通道工程建设。在可持续发展理念指引下，建立了我国第一条与自然环境相协调的示范公路——川九路，继而又建成了我国沙漠地区第一条“绿色高速走廊”——陕西榆靖高速公路。

2004年9月，原交通部组织召开全国公路勘察设计工作会议，总结推广了四川川九路示范工程建设的成功经验，提出了“六个坚持、六个树立”的公路勘察设计新理念，即：坚持以人为本，树立安全至上的理念；坚持人与自然相和谐，树立尊重自然、保护环境的理念；坚持可持续发展，树立节约资源的理念；坚持质量第一，树立让公众满意的理念；坚持合理选用技术指标，树立设计创作的理念；坚持系统论的思想，树立全寿命周期成本的理念。

2. 生态节约与和谐发展理念

2005年9月，原交通部颁布《关于进一步加强山区公路建设生态保护和水土保持工作的指导意见》，明确提出采取切实措施保护和改善生态环境。山区公路建设要全面落实“安全、环保、舒适、和谐”的建设理念，按照“预防为主，保护优先，防治结合，综合治理”的原则，牢固树立“不破坏就是最大的保护”的思想，坚持最大限度地保护、最小程度地影响、最强力度地恢复，实现公路建设与环境保护并重，公路项目与自然环境和谐。

2006年4月，原交通部颁布《建设节约型交通指导意见》，树立全寿命周期成本理念，在合理使用资源的同时必须以节约土地资源、岸线资源、能源、建筑材料等为核心内容，以实现集约型增长为内在要求，以低投入、低消耗、低排放、高效率为外在特征，加快建设节约型交通，实现可持续发展。

在新理念的指导下，云南思小高速公路在全国首次提出并采取了全方位、全过程的环境管理制度，于2006年4月建成通车；2009年9月，位于高原地区的生态公路——川九公路建成通车，该项目在前期设计阶段和施工阶段采用常规绿化与生态恢复相结合的手段，有效地保护了公路沿线区域的生态环境，陆域内植被恢复率高达90%以上，为公路建设与生态环境保护的持续发展奠定了可靠的基础。

3. 绿色低碳与资源节约型环境友好型发展理念

2011年6月，交通运输部印发《交通运输“十二五”发展规划》《公路水路交通运输节能减排“十二五”规划》《公路水路交通运输环境保护“十二五”发展规划》等绿色专项规划，制定发布了《资源节约型环境友好型公路水路交通发展政策》，提出树立绿色、低碳的发展理念，继续推进资源节约型、环境友好型交通行业建设，加快建立以低碳为特征的交通运输体系，强化节能减排，集约节约利用资源，促进资源循环利用，加强生态和环境保护，实现交通运输绿色发展。

三、党的十八大至今——绿色公路发展迈入新时代

党的十八大将生态文明建设纳入“五位一体”总体布局,提出要着力推进绿色发展、循环发展、低碳发展,努力建设美丽中国。党的十八届五中全会进一步将绿色发展作为五大发展理念之一。党的十九大明确将“坚持人与自然和谐共生”作为治国理政的基本方略之一。全国生态环境保护大会进一步系统阐释了习近平生态文明思想,成为习近平新时代中国特色社会主义思想的重要组成部分。此外,生态文明正式写入新党章和新宪法;中共中央、国务院印发了《关于加快推进生态文明建设的意见》和《生态文明体制改革总体方案》等系列文件;环境保护法、环境影响评价法、大气污染防治法、水污染防治法、节能能源法等法律新修订实施,土壤污染防治法、应对气候变化法等法律也在加紧研究制定之中。

为全面深入贯彻落实党中央、国务院关于生态文明建设与绿色发展的部署要求,交通运输部陆续颁布了《建设低碳交通运输体系指导意见》《建设低碳交通运输体系试点工作方案》《加快推进绿色循环低碳交通运输发展指导意见》《创建绿色公路实施方案编制指南》《绿色公路评价指标体系(征求意见稿)》《关于实施绿色公路建设的指导意见》等一系列政策文件,组织开展不同类型的绿色公路试点示范工程。期间,以2012年11月党的十八大召开、2015年10月党的十八届五中全会将绿色发展列入五大发展理念为里程碑,绿色公路相关示范工程的名称,逐步演变为低碳公路、绿色低碳公路、绿色循环低碳公路,最终回归为绿色公路。目前已经建成以云南麻昭高速、吉林鹤大高速、贵州盘兴高速、陕西黄延高速、浙江淳杨公路等为代表的一批绿色公路主题项目和以云南武易、江西庐山西海等为代表的绿色公路典型示范工程。绿色公路发展逐步由试点示范迈向全面推广的新时代。

第三章　绿色公路发展现状

一、国外绿色公路发展现状

绿色公路是针对我国具体国情提出的发展理念，而国外多为以公园道和绿道为代表的绿带式景观道路，尚未明确提出绿色公路的概念，但在公路建设研究决策、公路设计实施及建设要求等方面已充分体现了绿色环保理念。

1. 政策层面

20 世纪以来，欧美国家相继开展了有关运输的绿色研究，并出台了绿色运输政策，确保公路建设与自然和谐统一。

美国在公路建设中，努力将对环境的影响程度降到最低，充分利用沿途的自然景观、生态系统，使公路和环境相互协调，相互促进。1965 年，美国制定了《公路美化规定》，较早地注意到公路与环境在视觉上的协调问题，并于 1970 年进行了补充和完善。《地面交通效率方案》(1991)和《21 世纪交通权法案》(1998)均要求在公路设计、施工和运营过程中充分考虑环境保护问题。在公路工程施工规范中，也明确提出了环境保护的技术措施和操作工艺，使施工过程中施工单位对生态的保护变成自觉行动成为可能。美国联邦运输部制定的《美国交通运输战略规划(2000—2005)》以及《国家运输科技发展战略》中强调要以构建服务全球的安全可靠的交通运输系统、努力应用科技手段实现运输智能化为目标，并将此次发展的战略性质定为环境友善型。日本也将工作重点放在大气污染物排放的控制上，建立符合可持续发展的物流系统，实现绿色循环低碳的交通运输发展，进而达到社会经济、资源环境的友好和谐发展。这些文件作为低碳绿色交通运输的纲领性政策措施，为绿色运输提供了理论性的指导。

欧洲运输与物流业组织鼓励运输企业运用先进的绿色低碳理念开展运输工作，并制订了运输、管理等方面的绿色标准。

2007 年，英国运输部发布《低碳运输技术创新政策》，此政策从技术角度罗列出各运输方式下现有的及未来可能存在的新技术，以及这些技术在降低碳排放中将起到的重要作用。2008 年的《英国低碳运输政策》，提出了低碳运输政策的全面方案集合，将需要制定的运输政策大致分为应对近期经济变化、平衡技术进步和行为变化两大类。2009 年，英国运输部为了达到《2008 年气候变化法案》中对碳预算的要求,发布了《低碳运输:更加绿色的未来》,具体阐述了英国交通部经由哪些具体活动来减少交通行为排放的温室气体。

2. 理论层面

美国在公路建设时充分认识到“在保护甚至是加强建设环境、自然风景、人文历史及社会资源的同时为公众提供安全、高效的交通运输服务是他们面临的一个巨大的挑战”,紧紧围绕绿色理念,提出了“公路设计灵活性”的新理念。该理念并不是让设计者试图去创造一个新的标准,而是强调对现有设计标准的灵活运用,鼓励设计者在处理具体项目时,创造性地采用设计标准和规范,提出创造性的解决方案。关于“灵活性”的具体含义,主要有七点:允许各个州标准的取值范围具有灵活性;当受环境条件严格约束时,可以有特殊设计(对此给出具体的规定和相应的指标论证和评估体系);对规划阶段的决策进行再评估;必要时允许降低设计车速维持现有道路的平、纵、横断面,仅仅重新罩面、修复和更换标志;认真考虑可选择的指标(特别是对于景观道路);检查设计参数和指标在安全和运行中的效果。所有这些方法,其目的是让设计者在设计公路时创造性地灵活运用他们的专业知识与判断能力,这种灵活性在有效发挥公路功能与运营安全的同时,还可使公路同自然与人文环境协调。通过灵活设计达到更符合公路沿线可持续发展的需要和利益的目标。

德、瑞、法等欧洲发达国家公路的建设侧重于公路景观规划设计,对公路建设的各个环节进行把关,保护动植物资源,并制定了严格的法律法规,达到了良好的监督效果,努力将公路对环境的不良影响降到最低,保证公路建设的长远经济效益。1970 年,德国的汉斯·罗伦茨(Hans Forenz)的《公路线形与环境设计》,从多角度阐述了公路线形与环境景观的协调问题。1975 年,在墨西哥召开的第 15 届国际道路会议上成立了道路与环境问题工作组。1980 年,德国制定了新的道路设计规范《道路景观设计规范》,成为现代道路设计的典范,并在公路工程实践中逐渐形成系统的道路线形理论。

日本在公路建设生态恢复方面处于世界领先地位,先后制订了《公路绿化技术基准》《高速公路绿化技术五年规划》《生态环境空间形成技术》和《立体绿化技术》,在世界范围内被各国广泛借鉴和参考。

3. 实践层面

美国和加拿大在边坡防护方面,已基本废除了浆砌片石和喷射水泥砂浆护面等破坏自然环境的工艺在边坡防护中的应用,取而代之的是各种柔性支护和绿化措施。被誉为“蔚蓝色道路”的宾夕法尼亚州 476 号高速公路设计了专门照明设备,以防破坏夜间的自然生机。德国公路建设充分考虑了长期保证自然经济效益,天然资源利用和保护,保护动、植物及各种自然特性、名胜古迹和风景等多方面保护措施。

欧美国家和澳大利亚,已经开始补偿大范围铺设道路带来的生态影响,并在道路设计过程中考虑生态学原则,力求保护生物多样性。

瑞士根据动物出没路线,给动物修建专门的跨线桥,桥上覆土,种植与周围环境相似的灌丛和草类,以利于动物通过。荷兰在山区公路建设中创立了"回避—减轻—补偿"模式,有利于对自然生态网络和生物多样性的保护,成为生态道路典范。

新加坡公路建筑师们设计出了一种绿色路面,在水泥混凝土路面留出小洞穴让杂草生长,当车辆行驶时不易产生尘土造成污染,同时,还可降低路面的热辐射,这样的公路具备一定的自身调节功能。

日本在滋贺县的小滨朽木高岛线上设置了数处野生动物通道,为了不破坏地貌,道路设计时采取隧道、深基础挡土墙、高架桥方案等生态保护措施,尽量模拟自然界的内在规律进行植物配置和辅助工程设计,避免违背植物生理学、生态学的规律进行强制绿化。

随着时代的进步、技术的发展,国外绿色公路发展已经由早期的普通道路绿化发展到目前的风景道或景观的生态绿化,更注重的是交通附属设施生态、景观艺术功能与周边环境的协调结合,使道路建设与大自然最大限度地融为一体。总体而言,目前国外特别是发达国家针对高速公路生态修复和景观设计已有相当完善的理论体系、法律规范,以及相应的技术能力。

4.绿色公路评价

国外在评价体系方面开展绿色建筑研究较早,公路建设的评价研究起步较晚,但是发展比较迅速,近年来围绕绿色建筑和绿色公路已形成多个成熟评估体系,对我国绿色公路后续评价体系指标、标准规范的编制,具有很好的借鉴和参考作用。

(1)美国

Greenroads:是一个奖励性、灵活的评估系统,用于对不同道路项目进行排名、评分和比较,使其整体绩效比一般道路项目更具可持续性。获得Greenroads认证后,道路项目可以采用独特的标志,表现出超越现行环境规范、道路设计和施工实践标准的可持续特征,即表现出超越平均道路项目的可持续发展水平,并向项目利益相关方传达实质成果。

Envision:可持续发展评级体系,旨在通过应用更加可持续的技术和方法来提高基础设施的性能和可行性。

INVEST:基础设施资源评估可持续发展工具,该工具从社会、经济和环境三方面界定了道路的可持续发展特征。与绿色公路相比,该评估项目针对不同区域和环境,内容更加科学。

(2)英国

绿色建筑评估系统(BREEAM):是世界上第一个绿色建筑评估体系,该系统不断发展完善,是全球使用最广泛的绿色建筑评估方法,在许多国家和地区得到改进和推广,美国于1998年创建的LEEDS体系也是在BREEAM基础上发展起来的。

CEEQUAL:是一个项目评估手册,用于评估土木工程和公共领域项目的环境和可持续发展绩效,旨在帮助客户、设计师和承包人在规范、设计和施工过程中,在项目或合同中提供改进的可持续发展绩效和战略。

(3)新加坡

BCA Green Mark:绿色建筑评价体系,由许多不同的评分工具组成,它们在整体上对环境性能的构建进行整体评价。用于指导基础设施的设计、施工和运营,提高能源效益,提高环境效益。

现阶段绿色公路评估主要用于满足工程项目需要,针对绿色公路全生命周期的某些阶段和常规指标进行评价研究。如何形成科学全面、覆盖全寿命周期的绿色公路评估体系,仍需进一步进行深入研究。随着绿色公路建设的发展,以明确绿色公路建设关键指标、规范绿色公路建设技术标准为目标的绿色公路评估面临着更为严峻的考验。

二、中国绿色公路发展现状

改革开放以来,我国公路建设取得了突飞猛进的发展。尤其是"十二五"以来,随着公路建设者环保意识的增强,在国家生态文明建设、绿色发展和交通运输部"六个坚持、六个树立"理念推动以及"五化工程管理""绿色交通"发展理念引领下,公路发展以节能减排、资源节约与循环利用以及生态环境保护为核心价值理念,将绿色环保理念贯穿于公路规划、设计、施工、养护、运营、管理全寿命周期,各地已相继开展以集约、节约、循环、低碳为主题的绿色公路建设,对绿色公路的内涵进行不断探索和实践,大力推广应用先进适用技术和产品,在设计理念、建设思路、建设品质、服务意识及运行效率等方面都取得了极大的转变与提升,能源消耗和碳排放不断降低、环境效益明显改善,绿色公路建设取得了一定成效。

一是绿色公路发展理念不断提升。2004年原交通部提出的"六个坚持、六个树立"公路设计建设新理念,得到了公路行业勘察、设计、建设、管理单位的广泛认同和贯彻落实,以川九路为代表的一大批公路勘察设计典型示范工程的实施,极大地提升了公路设计理念和设计水平。2009年,公路建设全面推行现代工程管理理念,提出人本化、专业化、标准化、信息化、精细化的"五化"管理要求,在全国范围开展了为期3年的施工标准化活动,促进了公路建设管理水平跨上新台阶。党的十八大以来,生态文明建设已经纳入中国特色社会主义建设"五位一体"总体布局。十八届五中全会进一步提出了创新、协调、绿色、开放、共享的发展理念,绿色发展已经成为"十三五"和今后经济社会发展的基本理念。党的十九大报告指出,加快生态文明体制改革,建设美丽中国,要形成绿色发展方式和生活方式。绿色公路建设作为推进绿色交通发展的切入点,对于转变公路发展方式、推动公路建设持续健康发展、促进交通运输领域生态文明建设具有重要意义。绿色公路作为绿色交通的重要组成部分,在生态文明建设和绿色发展理念得到高度重视,资源节约、环境友好要求进一步提高的新形势下,绿色发展理念须统筹于公路规划、设计、建设、运营、管理、服务全过程,强调均衡协调,突出建、管、养、运并重,降低全寿命周期成本。基于可持续发展的绿色公路发展理念,能够保护好绿水青山,又能带来金山银山,实现人们对于美好生活的渴望,已成为新时期和新时代交通发展新亮点。

二是绿色公路政策法规制度不断健全。国家层面生态文明与绿色发展的顶层设计逐步完善。中共中央、国务院《关于加快推进生态文明建设的意见》《生态文明体制改革总体方案》等文件明确了生态文明建设的总体要求、目标愿景、重点任务、制度体系。党的十九大报告提出了新时代生态文明的发展理念、基本遵循、发展目标、发展方式、治理体系等。国务院相继颁布实施《大气污染防治行动计划》《水污染防治行动计划》《土壤污染防治行动计划》,修订后的节约能源法的颁布施行,表明我国对能源节约的重视以及推动全社会节约能源的决心。国务院《关于推进土地节约集约利用的指导意见》要求提高建设用地利用效率。交通运输行业节能减排和环境保护专项规划以及《建设低碳交通运输体系指导意见》《加快推进绿色循环低碳交通运输发展指导意见》《关于全面深入推进绿色交通发展的意见》等政策文件中均明确要求加强交通基础设施资源集约节约和生态保护修复,并作为主要发展目标和任务进行落实。绿色交通法规政策不断健全。交通运输部《关于实施绿色公路建设的指导意见》提出要严格保护土地资源,科学选线、布线,高效利用沿线土地。绿色发展监管力度不断加强。严格依法保护环境,推动监管执法全覆盖、对各类环境违法行为“零容忍”,建立环保督察工作机制,研究推广绿色核算体系与绿色发展评价体系等一系列措施以及绿色公路评价指标体系的建立,有效提升了公路绿色发展水平。部分省级交通主管部门出台的绿色公路相关意见及政策见表 1-3-1。

部分省份出台的绿色公路相关政策　　表 1-3-1

序　号	发 布 单 位	相 关 文 件
1	云南省交通运输厅	《绿色公路评价标准》(DB 53/T 449—2013)
2	浙江省交通运输厅	《浙江省高速公路施工标准化管理实施细则》(2013 年发布)
3	浙江省交通运输厅	《公路建设生态设计指南》(2015 年发布)
4	浙江省交通运输厅	《浙江省交通建设工程机制砂生产(干法)及机制砂混凝土技术指南》和《浙江省交通建设工程机制砂生产(湿法)及机制砂海工混凝土技术指南》(2016 年发布)

续上表

序　号	发布单位	相关文件
5	浙江省交通运输厅	《浙江省高速公路施工标准化管理实施细则》(2013年发布)
6	广东省交通运输厅	《广东省推进绿色公路建设实施方案》《广东省绿色公路建设技术指南(试行)》
7	青海省交通运输厅	《青海省公路建设生态环境保护技术指南》

三是绿色公路组织结构建设不断完善。"十二五"以来,交通运输部建立了部省共同推进绿色公路建设管理机制,建设了一批绿色公路典型示范项目,形成了较为完备的组织机构和完善的管理制度,为绿色公路建设提供了监管保障。在绿色公路示范项目创建过程中,由省交通运输厅组成试点工作领导小组,负责试点工作的总体组织、领导、统筹与协调;由实施单位及公路全寿命周期内各参建主体组成试点工作实施工作组,具体落实绿色公路在设计、施工、运营、管理等不同环节中的管理要求。此外,制定了绿色公路发展的总体思路、技术路线和政策措施,建立了绿色公路建设的目标责任制和考核制度。

四是绿色公路生态修复取得显著成效。我国在大力发展公路建设的同时,在生态保护等方面也取得了显著的成就,在公路建设过程中严格推行生态环保设计和施工环境保护,不断加强生态选线,推行生态防护技术,重点加强自然地貌、原生植被、表土资源、湿地生态、野生动物等方面的保护,加强施工过程中植被与表土资源的保护和利用,落实环境保护、水土保持要求,做好临时用地的生态恢复。我国第一条高原生态公路——川主寺至九寨沟公路,在项目设计和施工过程中通过制定完善的生态保护原则,采用常规绿化技术和创新的生态恢复技术,使川九公路路域内植被恢复率达到90%以上,有效保护了沿线的生态环境。我国第一条沙漠生态高速公路——陕西省榆林市至靖边县高速公路在公路,沿线栽种了近4万亩沙生灌木,并在公路两侧营造两条500m宽的高标准防风固沙林带,高速公路的两侧已建成全线绿化防护林带,俨然成为一条沙漠中的绿色长廊。处于青藏高原、经过"三江源自然保护区"和阿尼玛卿雪山的青海花久绿色公路注重生态环境保护,全线采用"无痕化施工"方式,在花久路草皮移植和腐殖土利用中,采用分布式清表的方法,加快公路沿线绿化进程,使公路沿线生态环境得到最大限度的保护。此外,花久高速利用桥隧比高特点,综合利用隧道弃土用于路基填方或加工为砂、石等建筑材料,减少占地面积。

五是绿色公路技术得到不断推广。随着可持续发展理念的不断深入,我国高速公路在规划、设计、建设、运营、管理、服务全过程中贯穿绿色发展理念,积极应用节能技术和清洁能源,不断推进节能通风与采光、供配电系统节能技术、LED节能灯具、照明智能控制系统、温拌沥青和冷补养护等技术与设备应用,大力推行废旧材料再生循环利用,积极推行废旧沥青路面等材料再生和循环利用,绿色环保技术不断得到应用。其中较为典型的包括再生循环利用、废旧橡胶粉改性沥青混凝土、温拌沥青混合料等低碳沥青路面技术的应用。此类低碳技术已在江苏、山东、广东等省市得到广泛应用；绿色能源开发，连霍高速公路郑洛段高速公路改造工程全线监控设备首次采用了太阳能供电系统，该技术在此工程的成功应用极大地推动了绿色能源在高速公路领域的应用，此后陕西、广东等类似工程也采用了同样的技术。节能照明技术方面，在京珠高速公路粤境北段照明系统改造工程、云南省昆安高速公路小河边隧道照明工程、花久高速绿色照明技术等工程中已得到广泛应用。服务区污水生态循环利用，广东渝湛高速公路附属区生活污水生态处理工程、浙江省交通集团高速公路服务区污水处理工程、广中江高速公路和黄延绿色公路建设等，均采用了污水处理技术，对服务区污水进行了循环利用，大大提高了水资源利用效率。

此外，交通运输部在绿色公路示范项目创建过程中，推广了一批节能减排和生态环保技术，为绿色公路发展提供了技术保障。在绿色公路示范项目创建过程中，一批较为成熟的节能减排技术得到了推广应用，包括：施工区集中供电技术、温拌沥青路面、节能照明技术、高性能混凝土、耐久性路面结构应用、隧道通风智能控制技术、电子不停车收费系统、不停车超载预检系统等。这些技术的推广和应用，一方面在公路建设和运营过程中取得了较为显著的节能减排效益，另一方面也为我国绿色公路全面推广绿色低碳技术提供了技术保障。此外，示范了一批生态环保技术应用项目，为绿色公路全面落实生态环保要求奠定了基础。在绿色公路示范项目创建过程中，一批较为成熟的生态环保技术得到了集中示范，包括：服务设施污水处理项目、桥面径流污染防治工程、预制场养生用水循环利用工程、声屏障防噪音工程、隧道弃渣利用、表土资源收集利用工程、固碳植被建设工程等。这些示范项目的推广应用，在绿色公路创建过程中取得了较为显著的生态环境效益。

六是绿色公路试点示范取得初步成效。“十二五”以来，交通运输部开展了一批以绿色循环低碳公路为代表的节能减排示范项目和科技示范工程、绿色循环低碳主题性项目和绿色公路试点。“十二五”期间，交通运输部、财政部联合印发了《交通运输节能减排专项资金管理暂行办法》，以专项资金行动，支持交通运输节能减排工作，为绿色公路建设发展带来了契机。“十二五”期间共支持广东广中江高速公路、云南麻昭高速公路、贵州盘兴高速公路等20个绿色公路建设（表1-3-2），重点支持节能减排技术在公路建设运营过程中的应用，发挥了良好的示范作用。“十三五”以来，为推动公路建设转型升级，交通运输部推进了三批共33个绿色公路建设典型示范工程（表1-3-3），实现了各省（自治区、直辖市）全覆盖，具体包括内蒙古自治区丹锡高速公路克什克腾至承德联络线克什克腾至乌兰布统段、吉林省延吉至长春高速公路龙井至大蒲柴河段、贵州省中国茶海公路源潭至凤岗段、西藏自治区国道G561线当雄县宁中乡至林周县松盘乡段改造工程、新疆维吾尔自治区京新高速公路巴里坤至木垒段等33个绿色公路建设项目。绿色公路主题性示范工程和绿色公路示范项目的推进,对于打造公路建设新亮点,树立行业典型,以点带面,推动全行业开展绿色公路建设具有重要的示范意义。

"十二五"期绿色公路主题性示范项目　　表 1-3-2

时　间	序　号	项目名称
2013 年	1	广东广中江高速公路绿色低碳公路主题性项目
	2	云南麻昭高速公路绿色低碳公路主题性项目
	3	河南三淅高速公路绿色低碳公路主题性项目
	4	河北京港澳高速(京石段)公路绿色低碳公路主题性项目
	5	河北京港澳高速(石安段)公路绿色低碳公路主题性项目
	6	江苏宁宣高速公路绿色低碳公路主题性项目
	7	四川成渝高速公路绿色低碳公路主题性项目
2014 年	8	吉林鹤大高速绿色公路主题性项目
	9	江西昌樟高速绿色公路主题性项目
	10	贵州道安高速绿色公路主题性项目
	11	青海花久高速绿色公路主题性项目
	12	港珠澳大桥绿色公路主题性项目
2015 年	13	岳西至武汉高速公路安徽段创建绿色公路项目
	14	广东广佛肇高速公路肇庆段创建绿色公路项目
	15	贵州盘兴高速公路创建绿色公路项目
	16	湖南南益高速公路创建绿色公路项目
	17	云南香丽高速公路创建绿色公路项目
	18	广西柳州至南宁高速公路创建绿色公路项目
	19	甘肃连霍国道主干线兰州南绕城高速公路创建绿色公路项目
	20	黄延高速公路扩能工程创建绿色公路项目

"十三五"期绿色公路建设典型示范工程　　表 1-3-3

序　号	省(自治区、直辖市)	项目名称
第一批	江西省	广昌至吉安高速公路
	广西壮族自治区	银川至百色高速公路乐业至百色段
	北京市、河北省	延庆至崇礼高速公路
	浙江省	温州瓯江北口大桥

续上表

序　　号	省(自治区、直辖市)	项 目 名 称
第一批	安徽省	上海至武汉高速公路无为至岳百段
	湖北省	扉城至竹溪高速公路大悟段
	海南省	万宁至洋浦高速公路
	云南省	银川至昆明高速公路昆明至磨憨联络线小勤养至磨憨段
第二批	内蒙古自治区	丹锡高速公路克什克腾至承德联络线克什克腾至乌兰布统段
	吉林省	延吉至长春高速公路龙井至大蒲柴河段
	浙江省	沪陕高速公路溧阳至宁德联络线淳安段
	山东省	京沪高速公路莱芜至临沂段改扩建工程
	福建省	沈海高速公路莆田至炎陵联络线永泰梧桐至尤溪中仙段
	湖南省	长沙至益阳高速公路扩容工程
	广东省	汕头至湛江高速公路惠州至清远段
	四川省	银昆高速公路平凉至绵阳联络线九寨沟至绵阳段
	贵州省	中国茶海公路源潭至凤岗段
	云南省	武定至易门高速公路
	陕西省	银白高速公路安康至来凤联络线平利至镇坪段
	甘肃省	银昆高速公路平凉至绵阳联络线武都至九寨沟段
第三批	天津市	津石高速公路天津段
	上海市	国道 G320 线沪浙界至北松公路段
	重庆市	潼南至荣昌高速公路
	山西省	阳城至济源高速公路阳城至蟒河段
	辽宁省	大广高速公路奈曼旗至营口联络线福兴地至阜新段
	黑龙江省	国道 G331 线东宁至老黑山省界段
	江苏省	国道 G524 线通常汽渡至常熟三环段
	河南省	郑州至西峡高速公路尧山至栾川
	贵州省	厦蓉高速公路都匀至香格里拉联络线都匀至安顺段
	青海省	国道 G310 线尖扎至共和段
	西藏自治区	国道 G561 线当雄县宁中乡至林周县松盘乡段改造工程
	宁夏回族自治区	银百高速公路宁东至甜水堡段
	新疆维吾尔自治区	京新高速公路巴里坤至木垒段

七是绿色公路管理能力不断增强。“十二五”以来，我国绿色公路不断推进节能减排与绿色低碳发展统计监测考核体系建设，绿色公路设计、施工、养护和运营管理的标准规范和

管理制度体系不断完善,与绿色公路发展相适应的人才工作管理体制机制和运行机制逐渐形成。特别是以绿色公路示范为代表的示范项目和科技示范工程的相继实施,使公路设计新理念内容不断丰富,节地节水、节能环保等举措得到有效落实,公路建设管理水平不断提高。以广东广中江高速公路、青海花久高速公路、贵州盘兴高速公路等绿色公路建设为例,在建设营运过程中建立了能源统计监测考核制度,建立了科学有效的能耗统计指标和碳排放监测体系,建立了施工期能耗监测管理信息系统。

八是绿色公路宣传培训广泛开展。“十二五”以来,绿色公路建设开展了广泛、深入的宣传培训,在绿色服务区建设中加强了绿色公路相关技术的宣传,对宣传推进绿色公路绿色发展成就、树立公路行业社会形象具有至关重要的作用,为绿色公路建设营造了社会广泛参与的良好气氛。特别是在绿色公路示范项目创建过程中,项目组织单位及实施单位通过深入开展宣传培训,为绿色公路建设营造了社会广泛参与的良好气氛。具体措施包括注重宣传引导,广泛、深入、持久地开展形式多样的绿色公路宣传;加强教育培训,组织开展经常性的节能减排培训教育、技术和经验交流工作;加强人才队伍建设,开展形式多样、内容丰富的专项培训、技术和经验交流;深化对外合作交流,促进先进技术推广和经验交流。以陕西黄延绿色公路建设为例,该项目实施过程中加强了绿色高速公路培训与宣传,对试点项目进行总结与归纳,形成绿色高速公路培训手册,通过组织开展经常性的绿色交通知识培训,培养出一支具有专业素养的高质量队伍;此外,利用展览馆、行业报刊、网站、现场展板、沿线广告等各种方式和途径,广泛、深入、持久地开展绿色公路的宣传教育活动,营造了全社会参与、支持和监督的工作环境,增强了全民参与建设绿色公路的主动性和积极性。

三、绿色公路发展问题

尽管近年来我国绿色公路发展取得了显著成效,但是,与建设美丽中国、实现绿色发展的更高要求相比,与人民日益增长的美好出行与优美生态环境需要相比,还存在着一些差距和不足,发展还很不平衡不充分,主要体现在以下三个方面。

一是绿色公路发展理念仍有待进一步提升,发展方式粗放的格局尚未根本改变,能源资源利用效率和生态环境保护总体水平不够高。

二是绿色公路治理体系和治理能力建设还比较滞后,相关标准规范体系还不完善,统计监测等基础能力薄弱,评价考核机制尚未完全建立,跨部门跨区域协同推进机制还不健全。

三是绿色公路科技创新研发能力和推广应用水平还有待进一步提升,绿色公路市场化、产业化水平还不高,市场机制激励引导作用尚未得到充分发挥等。

第四章 绿色公路发展趋势

历史的浪潮滚滚向前,中国已经迈入建设富强民主文明和谐美丽社会主义现代化强国的新时代,交通运输行业也正开启交通强国建设的新征程,新使命呼唤新担当。当前,科技革命和产业变革深入发展,新技术、新产品、新业态、新模式正不断涌现,公路绿色革命面临前所未有的机遇,必将会对绿色公路建设的发展方式、工作机制、参与主体、管理模式、产业形态、价值取向等产生深刻影响,绿色公路发展呈现出一些新趋势、新动向和新特点。

一、绿色公路建设发展标准化

绿色公路日趋标准化和定量化。未来的绿色公路,将在规划、设计、施工、运营全领域,更加注重绿色发展要求,逐步形成成套的评价方法及技术指南。同时,交通运输部将重点围绕《绿色交通标准体系》推动制定绿色公路评价等相关标准规范,完善建立健全绿色公路建设评价指标体系,制定绿色公路设计、施工、运营、管理指南,明确技术要求,全面指导绿色公路建设。各地交通运输主管部门和社团组织也根据自身情况,制定绿色公路评价的地方标准或团体标准,或将绿色发展要求纳入公路工程相关标准中。

绿色公路设计标准化与施工工厂化。标准化、工厂化是公路绿色设计、绿色施工的重要方向。未来将在公路工程领域更加全面深入地推进标准化设计、标准化施工,实现工地标准化、工艺标准化和管理标准化,大力推进工程构件生产工厂化与现场施工装配化,注重提高工程质量和耐久性,实现工程内外品质的全面提升。

二、绿色公路工作机制长效化

公路项目决策管理更加科学化。面向可持续发展的未来,在公路工程决策管理中将更多地基于系统最优化思维统筹局部与整体、近期与长远之间的关系,更加注重耐久性路面、钢结构桥梁等技术和产品的研发与推广,以努力实现公路工程全寿命周期成本最优、社会效益和生态环境效益最佳。

绿色公路监管治理日趋法制化。随着全面依法治国、依法行政的深入推进,特别是生态文明入宪,要求公路行业用最严格制度、最严密法治保护生态环境。国家生态文明法规制度体系建设和体制改革取得了重大进展,必然要求各级交通运输部门要全面提升依法监管能力,主动加强与发展改革、自然资源、生态环境、农业农村等部门的协同监管。此外,随着“放管服”改革不断深化,特别是近期国家又启动开展了工程建设项目审批制度改革试点,政府职能将进一步转向减审批、强监管、优服务,通过加强事中事后监管,确保将规划与建设项目环境影响评价、节能审查、环保“三同时”等制度严格落到实处。

绿色公路建设日趋常态化。当前我国公路交通发展已经由高速增长迈入高质量发展的新阶段,绿色公路作为推动公路高质量发展的主攻方向和战略重点,必须加快形成发展长效机制。此外,通过多年来积极倡导绿色公路理念、深入开展试点示范,绿色公路发展已经成为行业共识,具备扎实的工作基础,积累了丰富的技术和管理实践经验,并形成了一批可复制、可推广的模式。在当前国家清理规范示范评比的大背景下,绿色公路完全有必要、也有条件由政府强力推动、局部试点示范带动逐步迈向全地域、全方位、常态化的行业自觉行为,成为新时代中国交通绿色发展的靓丽名片。

三、绿色公路参与主体多元化

绿色公路日趋特色化和体验化。随着经济发展和人民生活水平不断提高,公众出行需求日趋多元化、个性化、舒适化,物流运输需求日趋便捷化、高效化、定制化。人民追求美好出行体验、享受优美生态环境的需求不断增长,必然要求绿色公路建设因地制宜、突出特色、别具一格、打造亮点。

绿色公路投资主体日趋多元化。近年来,为深化投融资体制改革、推广政府和社会资本合作模式(PPP),国家发展改革委、财政部、交通运输部、环境保护部、国家能源局等部委相继发布了一系列相关政策文件,规范和引导社会资本参与交通运输、生态环境保护、能源等重点领域建设。合同能源管理、环境第三方治理、绿色金融等部署推进。无论是从现实基础还是从发展趋势来看,绿色公路建设无疑都是政府支持力度大、社会资本参与性高的重点热点领域。

绿色公路治理主体日趋多元化。绿色公路发展牵涉面广、主体多元、人人有责,引导全员参与、开展全民行动至关重要。推动治理多元化也是交通运输治理体系和治理能力现代化的必然要求。此外,改革开放和创新驱动的不断深化,为公路交通领域的业务创新、商业模式创新等提供了良好条件。充分发挥市场配置资源的决定性作用,更好发挥政府作用,同时将更加注重发挥学会协会、产业联盟等中介组织在绿色公路建设技术研发、成果转化、应用推广、技术咨询、宣传引导等方面的积极作用,更加注重发挥新闻媒体、社会公众等舆论监督、社会监督的作用,真正实现共商、共治、共享。

四、绿色公路运营管理智慧化

一是绿色公路日趋数字化。绿色公路建设本质上是一个多目标的复杂决策管理问题，需要统筹实现系统优化，实现公路建设建管养各环节成本费用、资源利用、环境影响等基础数据的自动采集、在线监测、统计分析、处理发布、评价考核，这对建设全寿命、全要素、数字化、精准化的绿色公路综合管理系统提供了更高要求。随着云计算、大数据、人工智能、物联网、移动互联网等新兴技术的发展，公路数字化、智能化应用将更加普及，未来的绿色公路综合管理系统将具备更为强大的存储能力、更加快速的计算能力以及更加科学的分析能力，系统模拟现实世界和预测判断的能力将更加出色，能够从海量数据中快速、准确提取出高价值信息，为决策管理人员提供应需而变的解决方案，绿色公路建设管理的预见性、及时性、协同性、科学性将大幅提升。

二是绿色公路日趋网联化。随着物联网技术的发展，公路与车辆在行驶过程中的交互逐步成为研究热点，未来先进的无线通信和新一代互联网等技术，将实现全方位车车、车路动态实时信息交互，并在全时空动态交通信息采集与融合的基础上开展车辆主动安全控制和道路协同管理，充分实现人车路的有效协同，保证交通安全，提高通行效率，从而形成安全高效、绿色低碳的道路交通系统。

三是绿色公路日趋智慧化。智慧公路是在公路领域充分利用物联网、空间感知、云计算、移动互联网等新一代信息技术，综合运用交通科学、系统方法、人工智能、知识挖掘等理论与工具，以全面感知、深度融合、主动服务、科学决策为目标，通过建设实时的动态信息服务体系，深度挖掘相关数据，形成问题分析模型，实现行业资源配置优化能力、公共决策能力、行业管理能力、公众服务能力的提升。可以预见，未来绿色公路发展必须将智慧化作为重要方向，为高品质建设安全、便捷、高效、绿色、经济的现代化公路体系提供有力支撑。

五、绿色公路产业发展融合化

一是绿色公路与关联产业更加深度融合发展。绿色公路建设不仅涉及筑路材料、钢铁产业、工程装备制造业、汽车产业等一系列产业，而且也对新能源产业、节能环保产业、节能与新能源汽车产业、新材料产业、新一代信息产业、相关服务业等战略性新型产业的培育壮大具有重要影响，绿色公路发展的产业带动效应明显。典型的如：推进公路钢结构桥梁建设，不仅有利于充分发挥钢结构桥梁性能优势、有效提升公路桥梁品质和耐久性、降低全寿命周期成本，同时也有利于促进钢铁产能消化、推动钢铁行业转型升级；公路沿线服务区内配套建设或规划预留充(换)电设施、天然气加注站，是新能源与清洁能源汽车发展的重要保障。当前国家层面正在研究制定《绿色产业目录》以引导加快构建绿色产业体系。未来绿色公路将与上下游关联产业深度渗透、跨界融合,为加快形成以产业生态化和生态产业化为主体的生态经济体系提供有力支撑。

二是绿色公路与旅游、健康、农业等特色产业日渐融合。近年来,交通运输部、国家旅游局等六部门联合发布了《关于促进交通运输与旅游融合发展的若干意见》。《交通运输部关于实施绿色公路建设的指导意见》也明确提出要"着力拓展公路旅游功能",使公路本身成为一道风景线。此外,交通运输部还专门组织开展了旅游公路示范工程建设,绿色公路与旅游公路正日益呈现出深度融合发展态势。

三是绿色公路逐渐向乡村融合拓展。随着乡村振兴战略的全面实施以及扶贫脱贫、污染防治攻坚战的深入推进,未来绿色公路发展将由当前以高速公路为主,不断向普通国省道、农村公路领域拓展,逐步推动全路网的绿色发展。党中央高度重视"四好农村路"建设,习近平总书记曾多次做出重要指示,未来将以加快建设"康庄大道""幸福小康路""特色致富路""平安放心路"为重点,更加注重发挥贫困地区的生态环境优势,推动公路与旅游、健康等深度融合发展,高标准打造集绿色文明、生态景观、文化旅游等为一体的景观长廊和经济走廊,服务生态农业、生态旅游、健康产业等发展,充分发挥绿色公路先行引领作用。

四是绿色公路军民深度融合发展。推动军民深度融合发展,既是公路领域深入贯彻落实军民融合发展国家战略的迫切需要,同时也是推动公路交通绿色发展的必然选择。未来将更加注重公路基础设施、科技、信息化、标准等领域的军民共建共享。高分遥感技术、北斗卫星系统等国防高新科技将在绿色公路各领域得到日益广泛的推广应用,公路信息资源与交通战备信息管理系统进一步实现高效对接。

六、绿色公路发展日趋品牌化

一是绿色公路发展愿景日趋零碳化。面对应对全球气候变化和能源环境危机,习近平总书记明确提出要坚持绿色低碳,建设一个清洁美丽的世界。零排放或近零排放已成为世界交通运输可持续发展的共同愿景。随着国家组织开展零碳或近零碳示范工程以及循环经济等生态文明示范工程必然要求大力推进公路绿色设计、绿色施工、清洁生产、绿色管理,加强既有设施的节能化、清洁化、循环化改造,努力为世界绿色交通发展提供中国道路、中国方案。

二是绿色公路技术应用日益集成化。当前科技进步日新月异,在原始创新、引进消化吸收再创新的基础上,进一步强化集成创新、协同创新已经成为时代发展的必然要求。特别是建筑信息模型(BIM)技术逐步成为全球工程领域的新发展趋势,太阳能光伏高速公路、绿色降解功能型路面材料、隧道智能管控技术、绿色拌和站技术、沥青路面冰雪自融技术等成为绿色公路领域技术发展的热点,大量绿色创新技术的集成应用将有力支撑公路零排放、零碳化目标的实现。

三是绿色公路品牌价值不断提升。当前我国公路交通发展已经由高速度增长阶段转向高质量发展阶段,绿色公路建设是题中应有之义。环境保护是政府的法定职责,也是企业和个人积极履行社会责任的重要体现。未来绿色公路典型示范工程、公路品质工程、科技示范工程的行业知名度和社会美誉度日益提升,品牌价值和品牌效应日益凸显,将成为全国或区域性的品牌工程,同时也将积极争创绿色技术品牌、服务品牌和企业品牌,并进一步提升为行业的文化品牌。

PART 2 第二篇

政 策 篇

推动绿色公路建设,政策保障是关键。近年来,公路行业深入贯彻落实节约资源和保护环境基本国策,大力推进交通运输生态文明和绿色发展制度体系建设,绿色公路相关法规、政策、标准、制度体系日益完善,绿色公路治理体系和治理能力现代化水平不断提升,为绿色公路建设迈向新时代奠定了坚实基础。

第一章　法 律 法 规

一、完善生态文明建设

面对资源约束趋紧、环境污染严重、生态系统退化的严峻形势，必须树立尊重自然、顺应自然、保护自然的生态文明理念，走可持续发展道路。继生态文明建设首次被纳入中国特色社会主义建设“五位一体”总体布局和党的十八大将生态文明建设提升到国家战略地位以来，我国陆续出台了一系列生态环境保护相关法规，深入到环境治理的各个方面：《中华人民共和国宪法》修订，生态文明建设和绿色发展理念正式入宪；《中华人民共和国循环经济促进法》制定出台；《中华人民共和国环境保护法》《中华人民共和国大气污染防治法》和《中华人民共和国水污染防治法》相继修订出台，《中华人民共和国土壤污染防治法》也正在加紧修订中；《土壤污染防治行动计划》（国发〔2016〕31 号）将优先保护类耕地划为永久基本农田，并实行严格保护，确保其面积不减少、土壤环境质量不下降，除法律规定的重点建设项目选址确实无法避让外，其他任何建设不得占用；《大气污染防治行动计划》（国发〔2013〕37 号）加强对建设施工和运输的管理，保持道路清洁，控制料堆和渣土堆放，扩大绿地、水面、湿地和地面铺装面积，防治扬尘污染；《水污染防治行动计划》（国发〔2015〕17 号）提出要推进高速公路服务区污水处理和利用。

绿色公路是生态文明建设的重要阵地，要更加注重公路与环境、社会多系统的统筹协调，更加注重资源节约、环境友好等要求的贯彻和落实，更加注重公路建设及运行管理的质量和效率。因此，要以全面实施绿色公路建设作为推进生态文明建设的切入点，打造交通行业生态文明建设的亮丽名片。

二、加强生态环境保护

1989 年颁布的《中华人民共和国环境保护法》，为合理开发利用自然资源、保护生物多样性、保障生态安全、加强环境保护工作提供了法制保障；1998 年《建设项目环境保护管理条例》（国务院令第 253 号）颁布实施，规定建设产生污染的建设项目，必须遵守污染物排放的国家标准和地方标准；2002 年《中华人民共和国环境影响评价法》颁布实施，规定对规划和建设项目实施后可能造成的环境影响进行分析、预测和评估，提出预防或者减轻不良环境影响的对策和措施;2009年《规划环境影响评价条例》(国务院令第559号)颁布实施,规定交通有关专项规划应当进行环境影响评价。2018年我国第一部绿色税法《中华人民共和国环境保护税法》的施行,构建绿色税制体系,反映出党和国家对生态环境的保护由粗放式向精细化过渡,促使环境外部成本内生化,倒逼高污染、高耗能产业转型升级,让高污染企业加速绿色转型。

在公路工程建设过程中,追求效率、追求品质、追求工程耐久性的同时,环境保护的问题已经上升到一个重要的层面。因此,在公路建设过程中要坚持“生态优先、和谐发展”的指导方针,强化设计、施工、运营、养护等各阶段的生态环境保护,实现最大限度地保护、最小程度地影响、最有力度地自然恢复,实现公路与生态、社会的健康可持续发展,建设真正意义的绿色公路。

三、强化能源资源节约

2016年7月2日,第十二届全国人民代表大会常务委员会第二十一次会议对《中华人民共和国节约能源法》进行了修订,第十五条修改为:“国家实行固定资产投资项目节能评估和审查制度。不符合强制性节能标准的项目,建设单位不得开工建设;已经建成的,不得投入生产、使用。政府投资项目不符合强制性节能标准的,依法负责项目审批的机关不得批准建设”;将第六十八条第一款修改为:“负责审批政府投资项目的机关违反本法规定,对不符合强制性节能标准的项目予以批准建设的,对直接负责的主管人员和其他直接责任人员依法给予处分。”

修订后的《中华人民共和国节约能源法》的颁布施行,表明我国对能源节约的重视以及推动全社会节约能源的决心。绿色公路是基于能源、土地、水、材料等主要资源节约对象的能源节约型公路,要积极响应党和国家的号召,要以统筹资源利用、集约节约资源、降低能源耗用为重点,尤其是稀缺资源的减量利用、有效利用和循环利用,从规划设计、施工组织及运营维护等多个方面进行统筹考虑,重点解决长期以来我国公路建设普遍存在的资源统筹利用不足、循环利用率较低、能源耗用较高等问题,在整个公路建设过程中融入节约资源、降低能耗的绿色理念。

此外,新的《中华人民共和国土地管理法》等也修订出台,资源环境法律法规体系正日趋完善。

第二章　综合政策

绿色公路建设是一项复杂的系统工程和长期任务,涉及产业结构、经济水平和科技进步等各方面,需要长期艰苦不懈的努力。实现绿色公路发展的关键是营造有效的体制机制和政策环境。党的十八大以来,我国出台了一系列生态文明建设和绿色发展的政策文件,把绿色发展的总体思路和理念转化为具体的政策、技术和行动,推进公路发展绿色化。

一、注重绿色发展顶层设计

党的十八大提出"把生态文明建设放在突出地位,融入经济建设、政治建设、文化建设、社会建设各方面和全过程,努力建设美丽中国,实现中华民族永续发展。"习近平总书记提出"走向生态文明新时代,建设美丽中国,是实现中华民族伟大复兴的中国梦的重要内容""我们既要绿水青山,也要金山银山。宁要绿水青山,不要金山银山,而且绿色青山就是金山银山。"党的十八届五中全会又进一步提出"牢固树立并切实贯彻创新、协调、绿色、开放、共享的发展理念。"

党的十九大报告全面阐述了加快生态文明体制改革、推进绿色发展、建设美丽中国的战略部署。报告要求必须坚持"节约优先、保护优先、自然恢复为主"的方针,形成节约资源和保护环境的空间格局、产业结构、生产方式、生活方式,还自然以宁静、和谐、美丽,并提出了四项重点任务:一是推进绿色发展,开展绿色出行等行动;二是着力解决突出环境问题;三是加大生态系统保护力度;四是改革生态环境监管体制。十九大报告阐明了生态文明对建设中国特色社会主义现代化强国、实现"两个一百年"奋斗目标和中华民族伟大复兴的重要意义,阐释了新时期生态文明的发展理念、基本遵循、发展目标、发展方式、治理体系等,对推进交通运输领域生态文明建设与绿色公路发展,具有重要的理论参考与现实指导意义。

交通运输行业历来高度重视行业绿色发展顶层设计,印发了行业节能减排和环境保护专项规划。2011 年,交通运输部发布了《建设低碳交通运输体系指导意见》,以加快构建低碳交通运输体系为战略任务,以节能增效为重点环节,优化交通运输用能结构,着力强化技术创新和政策引导,把低碳发展作为现代交通运输业发展的重要抓手,努力提高交通运输行业低碳转型的综合能力,建设资源节约型、环境友好型交通。

为贯彻落实党的十八大关于"五位一体"总体布局、加强生态文明建设的要求,2013

年,交通运输部发布了《加快推进绿色循环低碳交通运输发展指导意见》,以加快推进绿色循环低碳交通基础设施建设、节能环保运输装备应用、集约高效运输组织体系建设、科技创新与信息化建设、行业监管能力提升为主要任务,以试点示范和专项行动为主要推进方式,促进交通运输绿色发展、循环发展、低碳发展。

为制定新时代绿色交通发展顶层设计文件,全面贯彻党的十九大精神,切实落实新发展理念,深入推进绿色交通发展,服务交通强国建设,2016 年,交通运输部发布了《关于全面深入推进绿色交通发展的意见》,文件紧紧围绕交通强国建设目标,对加快转变经济发展方式、加大环境污染综合治理、加快推进生态保护修复、全面促进资源节约集约利用、倡导推广绿色消费、完善生态文明制度体系 6 项重点任务和党的十九大报告提出的生态文明体制改革四大任务一一响应并予以落实。涵盖铁路、公路、水运、民航等各种运输方式,涉及基础设施、运输装备和运输服务等各个领域,是未来一段时期全面深入推进绿色交通发展的行动纲领。

二、健全绿色发展制度体系

《中共中央 国务院关于加快推进生态文明建设的意见》(中发〔2015〕12 号)要求提高道路、桥梁建设标准,配合构建科学城镇化宏观布局、发展低碳便捷的交通体系、发展公共交通、推广节能与新能源交通运输装备、有效控制温室气体排放、严格节能评估审查制度、建立严格环境保护管理制度、能源消耗强度控制、建立生态文明目标体系等工作。《中共中央 国务院生态文明体制改革总体方案》(中发〔2015〕25 号)要求建立健全自然资源资产产权、国土空间开发保护、空间规划体系、资源总量管理和全面节约、资源有偿使用和生态补偿、环境治理体系、环境治理和生态保护市场体系、生态文明绩效评价考核和责任追究等八项制度。

交通运输部在"十二五"期间发布了《创建绿色公路实施方案》和《绿色循环低碳公路考核评价指标体系(试行)》,开展绿色公路主题性项目创建。2016 年,在绿色公路示范创建基础上,交通运输部发布《关于实施绿色公路建设的指导意见》,提出了绿色公路建设的总体要求、建设目标、主要任务和保障措施。在道路、桥梁建设标准、资源有偿使用和生态补偿、环境保护管理与环境治理等要求下,绿色公路发展的制度环境不断完善。

健全绿色公路标准建设。先后发布了《公路沿线设施太阳能供电系统通用技术规范》(GB/T 24716—2009)、《公路环境保护设计规范》(JTG B04—2010)、《公路建设项目环境影响评价规范》(JTG B03—2006)、公路声屏障系列标准、公路服务区污水再生利用系列标准等。2016 年 12 月,交通运输部印发了《绿色交通标准体系(2016 年)》,提出了多项绿色公路相关标准,包括公路用 LED 照明灯具、公路外场监控摄像机能效、收费车道交通信号灯能效、公路隧道通风能效、公路 LED 可变信息标志能效、公路沿线风光互补供电系统、公路工程节能设计规范、公路绿化养护等。

三、强化资源集约节约制度

节约资源是保护生态环境、推进绿色发展的根本之策。为加强公路建设过程节约管理，大幅降低资源消耗强度，交通部在 2004 年印发了《关于在公路建设中实行最严格的耕地保护制度的若干意见》(交公路发〔2004〕164 号)，要求在公路建设中进一步合理利用土地资源，引导集约用地，提高土地利用率。党的十八大、十八届三中全会和中央经济工作会议、城镇化工作会议、农村工作会议就严防死守 18 亿亩耕地保护红线、确保实有耕地面积基本稳定、实行耕地数量和质量保护并重等提出了新的更高要求。

针对我国经济发展进入新常态，处于经济增长换挡期、结构调整阵痛期、前期刺激政策消化期"三期叠加"的阶段特征，对大力推进节约集约用地提出了新要求。《关于强化管控落实最严格耕地保护制度的通知》(国土资发〔2014〕18 号)要求加大土地利用规划计划管控力度，进一步严格建设占用耕地审批，强化耕地数量和质量占补平衡，严格划定和永久保护基本农田。要综合运用规划调控、市场调节、标准控制、执法监管等手段，全面推进各类建设节约集约用地，切实减少对耕地的占用，严防侵占优质耕地。统筹安排新增和存量建设用地，新增建设用地计划安排要与节约集约用地绩效相挂钩，促进节约用地、保护耕地。

加强土地综合利用，提高用地利用效率，推广应用节地技术。《关于推进土地节约集约利用的指导意见》提出要推动城乡土地综合利用，在符合建设要求、不影响质量安全和生态环境的基础上，因地制宜推动城市交通、商业、娱乐、人防、绿化等多功能、一体化、综合型公共空间立体开发建设，引导城镇建设提高开发强度和社会经济活动承载力。要提高建设用地利用效率。制定地上地下空间开发利用管理规范，统筹地上地下空间开发，推进建设用地的多功能立体开发和复合利用，提高空间利用效率。完善城市、基础设施、公共服务设施、交通枢纽等公共空间土地综合开发利用模式和供地方式，提高土地利用强度。要推广应用节地技术和模式，引导铁路、公路、水利等基础设施建设采取措施，减少工程用地和取弃土用地。

交通运输行业在节能减排和环境保护专项规划以及《建设低碳交通运输体系指导意见》《加快推进绿色循环低碳交通运输发展指导意见》《关于全面深入推进绿色交通发展的意见》等文件中均明确要求加强交通基础设施建设用地集约节约，并作为主要发展目标和任务进行落实。《关于实施绿色公路建设的指导意见》明确提出要严格保护土地资源，科学选线、布线，避让基本农田，禁止耕地超占，减少土地分割。积极推进取土、弃土与改地、造地、复垦综合措施，高效利用沿线土地。因地制宜采用低路堤和浅路堑方案，保护土地资源。

四、加强绿色发展监管力度

《生态环境监测网络建设方案》(国办发〔2015〕56 号)要求建设涵盖大气、水、土壤、噪声、辐射等要素,布局合理、功能完善的全国环境质量监测网络。建立生态环境监测数据集成共享机制,构建生态环境监测大数据平台,统一发布生态环境监测信息。《关于加强环境监管执法的通知》(国办发〔2014〕56 号)提出严格依法保护环境,推动监管执法全覆盖、对各类环境违法行为"零容忍",加大惩治力度、积极推行"阳光执法",严格规范和约束执法行为、明确各方职责任务,营造良好执法环境、增强基层监管力量,提升环境监管执法能力等六个方面的政策措施。中央深化改革小组十四次会议审议通过了《环境保护督察方案(试行)》,提出建立环保督察工作机制,严格落实环境保护主体责任等有力措施。

我国已逐步构建绿色政绩考核体系,研究推广绿色核算体系,使能源利用效率和环境质量改善成为重要考核指标和问责因由,落实自然资源、生态环境损害责任终身追究制度,推进政府、企业绿色化责任的落实。绿色发展指标体系是绿色发展的衡量标准和重要导向。研究建立绿色发展指标体系,加强统计监测和执法监督,促进绿色发展及相关体制机制完善。2017 年 12 月 26 日,国家统计局、国家发展和改革委员会、环境保护部和中央组织部联合发布《2016 年生态文明建设年度评价结果公报》,首次发布了 2016 年度各省份绿色发展指数,指数涵盖了耕地保有量、新增建设用地规模、单位 GDP 建设用地面积降低率、污水集中处理率、重要江河湖泊水功能区水质达标率、湿地保护率等与公路建设有关的指标。

绿色交通发展评价指标体系是量化绿色交通发展的有效手段和工具,是加强绿色交通监管的重要抓手。2012 年以来,交通运输节能减排能力建设项目开展了包括绿色交通省、绿色交通城市、绿色公路等在内的 9 套评价指标体系研究,初步建立了适用于绿色交通发展的评价指标体系,其中,绿色交通省、绿色交通城市、绿色公路、绿色港口评价指标体系为区域性主题性项目试点示范建设提供了示范评选支撑。绿色交通指标体系侧重于优化结构、节能降碳、绿色科技创新以及治理能力,如能力建设所涉及的指标类型包括制度建设类指标、监管体系类指标、市场机制类指标、服务建设类指标等。总体来看,对污染防治、生态保护、资源集约与循环利用等方面涉及较少。

第三章 激励政策

在市场经济体制下，绿色公路发展是不能完全靠市场来解决的。因为大多数企业主体是根据自身经济利益最大化的目标决定自己的经济行为，即使考虑生态效率和环境保护问题，也要兼顾宏观经济效益，部分高消耗高污染、内部成本较低而外部成本较高的企业或产品会在高额利润的刺激下盲目发展，从而造成资源的浪费、环境的污染和破坏，降低宏观经济效益和生态效率。对此，市场本身是无法进行自我矫正的。因此，政府必须采取各种手段对经济活动进行必要的干预。除通过法律和行政等手段来规范市场主体的行为之外，政府还应采用财政、税收等经济手段进行宏观调控，引导绿色公路发展。

一、绿色产业财政支持力度加大

中央财政资金方面：中央财政积极对绿色产业给予直接资金支持。2011 年，经国务院批准，“十二五”期间中央财政从一般预算资金和车辆购置税交通专项资金中安排适当资金用于支持公路水路交通运输节能减排，设立交通运输节能减排专项资金，并制定了《交通运输节能减排专项资金管理暂行办法》，重点用于支持公路水路交通运输行业推广应用节能减排新机制、新技术、新工艺、新产品的开发和应用，专项资金的使用采取以奖代补方式，由财政部、交通运输部根据项目性质、投资总额、实际节能减排量以及产生的社会效益等综合测算确定补助额度。目前，财政资金已支持包括花久高速公路、盘兴高速公路等 20 条绿色公路的建设。另外，“十二五”以来，为充分发挥中央预算内投资效益，推动资源利用效率提高和环境质量改善，国家发展和改革委员会每年开展资源节约和环境保护中央预算内投资备选项目的申报工作，并重点对节能、循环经济和资源节约重大项目予以支持。虽然该项投资并不具体针对交通行业的绿色发展，但仍支持公路隧道照明节能、空调改造节能等领域，为推动绿色公路的发展提供了多渠道的资金支持。

地方财政资金方面：为积极推动地方绿色交通发展，部分省份已设立省级节能减排专项资金。江苏省设立了江苏省交通运输节能减排专项资金，并制定了《江苏省省级交通运输节能减排专项资金管理办法》，重点对列入省交通运输节能减排规划的建设项目；规模以上港口、客货运输生产企业的新能源、清洁能源装备应用，能耗监管信息化系统建设，生产工艺集成改造及多式联运等先进的运输组织项目；节能减排技术和产品的推广应用项目；节能减排统计监测、技术咨询、绩效评估等能力建设项目；其他符合国家、部省节能减排政策和相关要求的五类项目进行支持。2016 年,江苏省对清洁能源类、运输组织领域示范项目、智能化类、绿色汽修类、港口类、公路工程类、机械节能类、绿色照明类、其他类共计 117 个项目进行支持,总金额为 4928 万元,其中公路类项目支持金额 76 万元。同时,山东省、河南省、宁波市等省市也积极设立了交通运输节能减排专项资金,积极对绿色公路的发展提供保障和支持。

二、绿色税费政策不断完善

目前我国没有单独针对绿色公路的税收规定,绿色公路涉及的税收都包含在我国已实行的绿色税收政策中。与美国等发达国家相比,虽然实施时间晚,制定相关体制、政策还有许多不足,但我国还是把绿色税收工作放在十分重要的位置。自 1993 年以来,不断探索和完善绿色税收相关政策法规,已基本形成了利用绿色税收来宏观调控经济发展中的一些问题的局面,如征收废气、废水排污费等污染税、征收资源补偿费和环境破坏补偿费等资源税。2016 年 12 月 25 日,十二届全国人大常委会第二十五次会议通过《中华人民共和国环境保护税法》,2018 年 1 月 1 日起施行,环保税是“费改税”的一大成果,它的“前身”是排污费制度。环境保护税的征税对象为大气污染物、水污染物、固体废物和噪声等四类。《中华人民共和国环境保护税法》规定,大气污染物税额幅度为每污染当量 1.2 ~ 12 元,水污染物税额幅度为每污染当量 1.4 ~ 14 元。固体废物按不同种类,税额为每吨 5 ~ 1000 元。噪声按超标分贝数,税额为每月 350 ~ 11200 元。各省(区、市)可依照税法授权,确定环保税适用税额。目前,除西藏自治区正在进行法定程序外,各省均已出台了本地区应税大气污染物和水污染物的具体适用税额。总的来看,各地出台的税额统筹考虑了本地区环境承载能力、污染物排放现状和经济社会生态发展目标要求,有利于发挥税收在生态环境保护方面的调控作用,也将对绿色公路建设起到积极的促进作用。

三、绿色融资政策日趋多样化

一是绿色公路 PPP 模式。PPP 项目一般由社会私人资本或者联合体融资建设及运营,提供公共服务。公共财政投入很少,较好发挥了“四两拨千斤”的杠杆作用,这对公共财政短缺或者交通大建设情况下加快绿色公路建设重要的意义。《中共中央 国务院关于深化投融资体制改革的意见》(中发〔2016〕18 号)、《国务院关于创新重点领域投融资机制鼓励社会投资的指导意见》(国发〔2014〕60 号)、《国家发展改革委关于切实做好传统基础设施领域政府和社会资本合作有关工作的通知》(发改投资〔2016〕1744 号)等文件提出在基础设施领域引入 PPP 模式。目前公路建设领域已经引入 PPP 模式,为绿色公路建设提供了一种全新的思路，不仅有利于政府职能的转化和投资主体的多元化，减轻经费压力，而且能够更好地发挥各自的优势，以最低的成本为公众提供高质量的服务。

二是绿色金融。2016 年 8 月 31 日，中国人民银行等 7 部门联合印发《关于构建绿色金融体系的指导意见》，提出要大力发展绿色信贷，设立绿色发展基金，发展绿色保险，完善环境权益交易市场，丰富融资工具，支持地方发展绿色金融，推动绿色金融国际合作。

三是积极利用合同能源管理、自愿减排交易等市场机制，拓展融资渠道。在公路建设运营管理中，推广应用合同能源管理，如绿色照明、长大隧道节能等。积极开发绿色公路领域中国核证减排项目（CCER），目前已开发快速公交系统的方法学、公交车使用 LNG 减排的方法学、道路客运车辆发动机改造的方法学、电动和混合动力汽车的方法学、商用车队中引入低排放车辆或技术的方法学等。

第四章 技术政策

自“十二五”以来,绿色公路发展理念逐渐深化,技术政策体系成为推动绿色公路发展的重要技术支撑,为绿色公路发展指明了技术方向,是新时代引领绿色公路发展的基础力和第一动力,对促进绿色公路领域技术进步和推进行业绿色发展具有重要的意义。

一、绿色公路技术标准制度体系逐步健全

为支撑公路水路交通运输的快速发展,原交通部分别于1985年和1997年发布了《公路、水运交通主要技术政策》。为适应新形势,交通运输部从2012年开始,启动了行业技术政策的修订和完善工作。在编制中遵循四项基本原则——适应政府职能转变新要求、强化科技创新的支撑引领作用、紧跟世界先进技术发展潮流、注重技术的经济适用,最终确立了交通运输行业应推广、鼓励和限制的主要技术。2014年形成了《公路水路交通运输主要技术政策》,明确提出了公路节能环保技术(具体包括:路域生态环境保护与修复的规划、设计和施工技术,公路环境污染防治的规划、设计与管理技术,节电、节水、资源综合利用等节能环保公路建设技术,公路建设项目环境监测与评价技术,车辆节能减排技术等五项技术)、从生态保护、节能减排、污染防治等各领域实现对绿色公路的全程技术指导。

2016年交通运输部发布的《关于实施绿色公路建设的指导意见》,从节能降碳、生态环保、技术研发、信息化技术、标准规范等方面明确提出技术要求。具体包括:一是应用节能和清洁能源技术,如节能通风与采光等技术、应用供配电系统节能技术、LED节能灯具、照明智能控制系统、温拌沥青技术和冷补养护技术等新技术与新设备,因地制宜推广太阳能、风能、地热能、天然气等清洁能源应用;二是推行生态环保设计和生态防护技术,重点加强对自然地貌、原生植被、表土资源、湿地生态、野生动物等的保护;三是加强绿色公路技术研究,大力开展绿色公路关键技术研发,加快研究湿地保护、动物通道设置、能源高效利用及节能减排、路域生态防护与修复、公路碳汇建设等新技术,开展绿色公路国际技术合作与交流,助力绿色公路发展;四是基于“互联网+”理念,加快云计算、大数据等现代信息技术应用,有效提升建设管理智能化水平;五是出台《绿色公路建设技术指南》,完善建立绿色公路建设评价指标体系,明确技术要求,全面指导绿色公路建设。

各地积极践行绿色交通发展理念,研究制定绿色公路相关技术政策。2017年,广东省率先发布《广东省绿色公路建设指南(试行)》(以下简称《指南》),决定在全省重点公路工

程建设中全面推进绿色公路建设,《指南》从实现“建设以质量优良为前提,以资源节约、生态环保、节能高效、服务提升为主要特征的绿色公路”目标出发,提出广东省绿色公路设计、施工及运营与养护管理等方面技术要求,是国内领先的省级绿色公路建设的技术指南。目前,湖北省、厦门市也正积极组织编制《绿色公路建设技术指南》。

二、绿色公路技术创新能力建设初见成效

公路行业高度重视技术创新,加强绿色公路关键技术的研发。在基础设施领域重点开展了大跨径桥梁、水下隧道等重大技术及装备的研发,在大型桥梁特殊结构、高性能材料等设施耐久性理论与方法等方面取得重大突破,桥梁绿色施工技术水平跻身国际先进行列。

科技创新平台是整合创新资源,培育创新主体,实现技术产品化和创新成果产业化的重要载体。交通运输行业建设运营了一批包括国家重点实验室、工程技术研究中心、国家工程实验室在内的国家创新能力平台,组建了一批国家产业技术创新联盟,形成了机制化的协同创新模式,逐步形成以企业为主体的技术创新体系,推进了以产学研合作为依托的科技合作,夯实了我国交通科技可持续发展基础。“十二五”以来,行业重点科研平台发展迅速,设立了重点关注公路领域的节能环保技术交通运输行业重点实验室,实验室注重开展公路交通环保的重大课题和关键技术研究,为行业环境保护、综合循环利用等提供了强有力的技术支撑和保障,土地资源保护与利用等技术处于国际先进水平。

三、绿色公路先进适用技术推广明显加强

一是绿色公路技术逐渐纳入国家重点推广的节能低碳技术体系中。自 2011 年以来,国家发展和改革委员会共发布了 4 批国家节能低碳技术目录,具体包括在 2014 年 8 月和 2015 年 12 月相继发布两批《国家重点推广的低碳技术目录》,2016 年发布《国家重点节能低碳技术推广目录》(2016 年本,节能部分),2017 年发布《国家重点节能低碳技术推广目录》(2017 年本,低碳部分)。

在 2014 年和 2015 年发布的两批《国家重点推广的低碳技术目录》中,重点推广的绿色公路技术为沥青混凝土拌和站天然气替代燃油改造技术。2016 年发布的《国家重点节能低碳技术推广目录》(2016 年本,节能部分)中绿色公路领域的推广技术包括 LED 智能照明能技术(隧道照明技术)、温拌沥青在道路建设与养护工程中的应用技术、沥青路面冷再生技术在路面大中修工程中的应用技术等 3 项,占交通领域推广技术的 13%。2017 年发布的《国家重点节能低碳技术推广目录》(2017 年本,低碳部分)共推广低碳技术 27 项,适用于公路领域的有以下 3 项技术:建筑垃圾再生产品制备混凝土技术、树脂沥青组合体系

(ERS)钢桥面铺装技术、环氧锌基聚酯复合涂层钢构件腐蚀防护技术。

二是加快推进绿色公路关键技术在行业的应用。"十二五"以来,交通运输行业重点开展了20个绿色公路主题性项目和33个绿色公路示范项目,推广应用了一批绿色公路关键技术。积极应用节能技术和清洁能源,不断推进节能通风与采光、供配电系统节能、LED节能灯具、照明智能控制系统、温拌沥青和冷补养护等技术与设备应用,大力推行废旧材料再生循环利用,积极推行废旧沥青路等材料再生和循环利用,绿色环保技术不断得到应用。

自2011年以来,交通运输部每年发布交通运输建设科技成果推广目录,绿色公路领域的科技成果也逐渐成为关注的重点。2016年交通运输建设科技成果推广目录共包括53项成果,其中绿色公路领域的成果包括公路养护科学决策技术、耐久性排水沥青路面修筑技术等37项技术,占全部推广技术的近70%。

第五章　其他政策

一、加强人才培养与教育培训

一是制定各类规划,明确交通运输人才培养方向。《公路水路交通运输中长期人才发展规划纲要(2011—2020年)》明确要求重点加强优秀拔尖人才培养、大力加强重点领域急需紧缺人才培养。《交通运输科技"十三五"发展规划》提出从培育科技领军人才和创新团队、支持青年科技人才持续发展等方面加强科技创新人才队伍建设。交通运输部办公厅连续公布年度交通运输行业科技创新人才推进计划入选名单,绿色公路建造技术创新团队列入重点领域创新团队。《"十三五"现代综合交通运输体系发展规划》提出应加快综合交通运输人才队伍建设。培养绿色交通领域的高层次、高技能人才,加强重点领域科技领军人才和优秀青年人才培养。

二是举办以"绿色交通"节能环保为主题的交通大讲堂,对部机关及在京直属单位干部职工进行绿色交通、绿色公路方面的教育培训。

三是加强绿色交通建设与运营相关经验交流,交通运输部每年组织召开绿色交通专题培训,定期举办推广交流会,组织开展绿色公路设计、建设、养护、运营等全过程绿色技术研讨,加强全行业对绿色公路理念的认识深度与实践经验交流。

四是依托绿色公路试点示范工程,举办以项目实施主体为主要培训对象的教育活动,加大公路企业和行业从业人员绿色交通发展理念、节能环保先进技术和管理的教育培训力度,提升节能环保意识。

五是加强专家指导。动员各方面力量,加强组织遴选,成立绿色公路建设典型示范工程专家组,对绿色公路的勘察设计、建设施工、运营管理等全过程进行技术指导和咨询。

六是加强人才培养。通过科研成果推广、示范工程建设、国内外技术交流合作、引入专业人才等多种方式,提高公路工程技术人员节能减排业务水平和技能,培养锻炼了一批技术水平高、创新能力强的专业技术和管理人才,形成一支结构合理、数量充足、素质优良的绿色公路设计与实施管理队伍。

二、加强国内协作与国际交流

一是注重加强部际协同合作。交通运输部与环境保护部共同签署了《关于促进交通运输绿色发展共同加强环境保护合作备忘录》,联合印发了《关于进一步加强公路水路交通运输规划环境影响评价工作的通知》。

二是注重加强部省共建、上下联动,强化了与地方政府部门在绿色交通建设的合作,与北京、江苏、山东等省市签署了合作备忘录,共同推进绿色交通发展。

三是积极加强与国际组织、国外企业、科研院校和咨询机构等的合作,组织举办世界交通运输大会,搭建了绿色公路发展交流平台,注重加强与世界道路协会等互动交流,协同推进绿色公路发展。

三、加强宣传交流与文化培育

一是积极配合"全国节能宣传周""全国低碳日"及"世界环境保护日"等组织开展有行业特色和地域特征的宣传活动,广泛宣传绿色公路发展理念,充分调动行业开展绿色公路工作的积极性。

二是组织召开绿色循环低碳交通运输体系建设试点示范推进会、交通运输行业节能减排降碳工作电视电话会议、交通运输"十二五"环境保护重点建设项目座谈会等工作会议,在全面推进绿色交通的部署下明确绿色公路的建设指导意见与工作安排,同时,通过召开绿色循环低碳公路建设现场交流会等专题会议形式加强绿色公路的理念宣传与经验交流。

三是交通运输部领导多次发表有关绿色交通的署名文章,《中国交通报》开设绿色交通版,在政府交通门户网站开辟绿色公路建设专栏,深入解读交通运输节能环保"十三五"发展规划等政策,宣传报道绿色公路等绿色交通示范项目的成效和经验,加大绿色公路建设理念的宣传力度。

四是 2011 年至 2016 年连续发布绿色交通运输发展年度报告,在试点示范篇中对绿色公路主题性试点项目的实施安排、建设目标、重点工程、项目特色等进行总结归纳与推广交流。

五是推动绿色公路发展与行业文化建设有机融合,丰富绿色公路文化内涵,强化公众参与,积极培育具有时代特征、行业特色的绿色公路文化,将其融入行业核心价值体系加以推广和弘扬。

六是积极培育绿色公路文化新载体,探索建设了一批交流推广科普展示平台,广泛传播绿色公路文化,营造良好发展氛围,增强全行业绿色低碳意识。

PART 3 第三篇

技 术 篇

习近平总书记多次强调，创新是发展的第一动力，科技是第一生产力。科技创新是绿色公路建设的根本保障和动力源泉，近年来公路行业深入贯彻落实创新驱动战略，牢固树立全生命周期绿色发展理念，在设计、建设、养护、运营等领域，大力开展科技创新研发和成果转化，大力推广应用新技术、新材料、新工艺、新能源，取得了显著成效。

本篇以绿色公路全生命周期绿色发展理念为主线，从公路规划设计、建设施工和运营养护全过程选择各阶段有代表性且具创新性技术予以介绍。

第一章　绿色公路规划设计

规划设计是绿色公路建设的基础,它制约着项目建设、运营、管理各个阶段对资源、能源、材料的占用和使用,制约着各阶段降低消耗数量、调整消耗结构、提高使用效率、减少生态系统破坏、降低二氧化碳排放量目标的实现。

一、绿色公路规划设计理念

将全生命周期理念贯穿于公路规划设计始终,以高标准、求真务实的规划设计统领绿色低碳公路建设的整个过程,将资源循环利用、节能减排、绿色环保、经济节约的长寿命设计落实于公路建设的各个环节。在满足公路基本功能要求的前提下,选择合理技术指标、合理规模,确定最优路线方案,合理利用线路资源,实现建设期与运营期的节地、节能、节水等资源能源节约目标,使公路整个生命周期内的经济成本最低。

二、绿色公路规划设计思路

1. 科学规划,合理选线

在公路选线上,坚持地质选线,降低施工难度,实现合理控制工程量与降低施工能耗的统一;坚持地形选线,促进路线布设与地形相协调,实现行车舒适与运营节能的统一;贯彻环保选线理念,减少高填深挖降低边坡高度,实现绿色环保效益与经济效益的统一;贯彻节地选线理念,最大限度节约用地,最大限度降低施工对公众影响;贯彻节能选线理念,充分利用自然光、自然通风等条件,降低运营期照明、通风能耗要求;贯彻节材选线理念,充分利用地形,减少桥梁的设置,最大限度地减少材料的消耗。

2. 注重环保设计

根据项目沿线社会环境和自然环境的具体情况,采用“高度重视、全面细致、经济适用、便于养管”的环保设计思路,在实际设计过程中把环保因素放在特别突出位置加以考虑,将环保理念贯彻于主体工程设计的全过程。从路线线位布置到桥梁、隧道方案的选择,均充分考虑环境景观的要求,将沿线景观视线及范围作为一个完整的景观体系,以生态绿化为背景、以视觉景观为主导,形成“点、线、面”结合的链状景观体系,注重生态环境的保护、恢复和利用,注重沿线历史文化内涵的挖掘与展示。环保设计应坚持以下原则:

①树立社会环境保护和生态环境保护并重的观点。社会环境保护重点放在路线方案如何布设才能最大限度少占地、少拆迁、少干扰、少污染,如何才能与沿线城镇发展规划合理衔接配合,如何才能方便沿线群众生产生活,如何才能积极促进沿线社会经济发展;生态环境保护重点放在如何才能使公路沿线成为绿色走廊,如何才能减少植被破坏和水土流失,如何才能克服灰色防护带来的视觉污染。

②位于山岭区的公路,路基多为高填深挖形式,环保重点在于严格控制路堑边坡高度、尽量减少对山体的开挖和植被的破坏、慎重选用路堑边坡防护形式、妥善处理隧道弃渣、路基沿狭窄河道布设时不挤占河床宽度等。

③路线方案设计着重强调与地形的优美结合。即在满足技术标准的前提下,充分结合地形、地质、地物等条件,灵活运用曲线组合,以曲线为主构成公路立体线形,使路线平纵面线形连续流畅,使沿线自然景观美丽灵动,从而有效减少司乘人员的疲倦感和麻痹感。具体到各个路段时,路线布设还应充分考虑占用农田、拆迁建筑物以及与重大基建项目规划相衔接等因素。

④路基设计着重强调路基填高和挖深的合理控制,以及路堤边坡、路堑边坡的防护和绿化形式的选择采用。通过路线平纵面指标的反复比较和研究,将路基的填高和挖深控制在合理范围内,避免出现长距离的高填路堤或大段落的深挖路堑。边坡防护应坚持工程防护和生物防护相结合,根据边坡实际情况采用多种形式,避免灰色防护一坡到顶。高度重视弃方(尤其是隧道弃渣)的处理。

⑤桥梁、隧道、互通式、分离式立交、通道、天桥等构造物的设计,着重强调结构形式的选择。在满足"安全、适用、经济"的前提下,用美学的观点和眼光全面审视各构造物的外形轮廓与周围自然环境的协调情况,借助环境保护设计手段,力争使构造物这些"点"成为公路这条"线"上最引人注目的景观。

⑥高度重视路基、路面的排水问题,将边沟、排水沟、截水沟等与桥涵构造物有机衔接,形成一个完整的排水系统,最大限度地减少公路运营期间产生的废水对周围自然环境造成污染和破坏。

⑦绿化及景观设计注意避免"园林化、贵族化"的倾向,草籽和树种的选择注意体现"本土化、易成活、好养护"的特点。

⑧取土场的平整和复垦、弃土场的拦挡和绿化、临时占地的使用和复垦等均提高到环境保护的高度加以重视,认真组织设计。

⑨对环境敏感区(点)进行认真分析研究,采取切实有效的工程措施。

3. 注重节地设计

公路工程在主体设计中,在满足技术标准的前提下,应注重节地设计。节地设计可通过路线方案比选优化和路基改桥梁优化等予以实现。

①通过路线方案比选进行线路优化,节约用地。不同路段选取不同的路线方案进行比选,并结合地质和其他环境条件,选取优化路线,以节约用地。

②通过路基改桥梁优化设计节约用地。目前山区高速公路上已修筑的一些高路堤,常出现沉降及不均匀沉降引起的路基病害,造成路面过早破坏,影响正常交通运输和行车舒适安全。高路堤土石方工程量大的项目,施工周期长、占地多、技术要求高,工后出现病害的风险较大。为进一步减少工程占地,在充分考虑工期、水土保持、环境保护、工程造价等各方面的基础上,可考虑进行路基改桥梁优化设计,节约土地。

第二章　绿色公路建设施工

一、公路沿线植被及表土资源保护利用技术

1. 技术概要

(1)技术原理

①植被及表土资源调查技术。采用遥感解译技术,从宏观大尺度层面对公路路线经过区域的植被和土壤情况做整体的勘测,为进行现场样方调查提供依据。

②植被分级保护技术。采取植被分级保护技术,可针对不同类型植被提出针对性保护对策,减少工作量,提高保护工作的效率和实用性。

③分步清表施工技术。采取分步清表施工技术,通过多次控制性和精细化清表施工,能够明显减少清表施工扰动面积,与公路工程施工紧密结合,最大限度地保护植被和减少表土层土壤资源的破坏;同时利用清除的植被和表土层土壤资源进行后期生态恢复。

(2)关键技术或工艺流程

①以宏观和现场调查结合为基础,制定科学详细的植被和表土保护利用技术方案。首先通过对公路路线范围的卫星图进行遥感解译和分析,识别公路经过区域主要植被类型和土地利用类型;其次根据每个路基施工标段穿越的植被类型及数量,设置现场植物样方调查的点位;然后开展现场植物样方调查和表土调查及采样;随后统计样方调查数据并计算相关参数;最后根据计算结果制定不同类型植物保护方法和表土收集方法。

②根据植被样方调查结果,将公路沿线植被按照珍稀程度、树龄、径级和观赏性进行植被保护分级,主要分级保护标准和保护对策如下:

a. 古树名木、珍稀濒危植物为第一级,以就地保护为主,避免扰动,无法原地保留的移栽到自然保护区或植物园进行保护。

b. 树体高大、树形优美的孤植树、点景树为第二级,原则上就地保护,避免破坏,使其形成公路的景观亮点,无法原地保留的要移栽到服务区、立交区等区域进行保护。

c. 常见的乔木为第三级,清表施工进行选择性保护,不影响路基施工的一律就地保护,影响路基施工的乔木树种移栽用于公路绿化恢复。

d. 草本和灌木为第四级,清表施工中直接清除并粉碎腐熟后作为后期公路绿化的基质

肥料。

③分步清表技术适用于填方、挖方、半填半挖方路基的清表施工，根据公路施工现场情况进行科学调整，满足公路施工的特点。分步施工技术施工流程如下：

a. 清表前准备

对各施工标段公路用地范围内的植物资源状况进行调查，统计国家及地方保护植物以及可以进行保留和移栽的植物并制定指导手册，下发施工单位进行宣传培训；

根据各种土地利用类型，对全线公路用地进行分类，调查各类型公路用地内的表土层土壤厚度。

b. 第一步清表

第一步清表范围是通过勘测确定公路中线，沿该公路中线向两侧清表，直至清理出设计路面宽的宽度范围，达到贯通全线，保证施工车辆、机械和人员能够进入。包括清表区域内的植物分级保护操作和表土层土壤资源的收集操作。

c. 第二步清表

根据以下三种路基类型确定范围：

填方路基：第二步清表范围为所述设计路面宽的宽度外侧至设计的坡脚线位置之间的范围。

挖方路基：第二步清表范围为设计路面宽的宽度外侧至设计的坡口线位置之间的范围。

半填半挖路基：第二步清表范围是以上边坡设计的纵向高度和第二步清表范围分别所述填方一侧和挖方路基一侧的清表范围之和。

d. 最后一步清表

最后一步清表范围为设计填方路基的坡脚线或设计挖方路基的坡口线至公路用地边界之间的范围，清表操作根据截水沟或排水沟的设置及现场实地情况进行，对不影响施工操作的区域避免扰动。

(3)技术特点

①"遥感解译 + 样方调查"综合调查技术，能快速掌握公路沿线植被和表土总体情况，弥补传统调查受环境限制的不足；结合样方调查，提高了遥感数据的准确性，提升了样方调查的效率，增加了保护的针对性、准确性。

②在遥感解译图设置现场点位，指导现场植物调查样方和表土情况调查，同时考虑落实公路生态管理和保护措施的一致性。

③在公路路线占地界内有针对性开展植物样方调查和表土情况调查，获取详细的植被情况和表土质量信息，为制定保护措施提供基础数据。

④采用区域土地利用类型斑块分布法开展表土情况现场调查,调查情况更全面准确科学。

⑤以精细管理原则,精细界定清表范围、界限、步骤,确定交通方案,制定表土迁移计划,制定原始植被及其他可利用植物的迁移或就地保留的实施方案,以及生态边沟建设或公路排水边沟设计变更、调整方案。

(4)技术适用性

该技术适于山地、平原等多种生态环境和各类公路推广应用,将在古树名木保护、绿化工程、景观建设、生态防护等方面取得显著的环境效益和社会效益。

2. 工程示范

在鹤大高速公路全线339.429km进行了技术推广,重点在靖宇保护区段、山谷洼地的林下和农田等腐殖土肥沃的路段,以及互通立交、服务区、隧道洞口等大型节点位置进行了分步清表施工,保护沿线植被。根据技术反馈和优化,提出要最大可能保留砍伐线和征地界线之间的植被,并通过与林业部门的协调和沟通,采取回购的方法对砍伐线和征地界线之间的植被进行了大面积的保留。据统计全线共保留了约7.6万棵高大乔木,保护原生环境10万m^2,维护了原始的植物景观。

(1)分步清表技术整体保护效果

通过使用航拍器对保护效果进行拍照,与传统清表技术进行对比,可以看出推广技术取得了很好的保护效果,互通立交、隧道洞口、桥梁、路侧等位置原生景观得以保留(图3-2-1、图3-2-2)。

图3-2-1 分步清表技术互通立交整体保护效果(航拍)

(2)分级保护技术个体保护效果

在分步清表过程中,施工单位按照施工指南的要求对保护树种进行了开挖、断根、移栽种植、支撑防护等措施(图3-2-3、图3-2-4),施工单位的移栽举措受到了指挥部的认可,并在全线施工中产生了积极的影响。

图 3-2-2　分步清表技术对隧道仰坡、鼻梁端植被大面积保护

图 3-2-3　树木围栏防护技术

图 3-2-4　树木挂牌及拦挡

分步清表技术全线推广实施后，对每个施工标段的推广成果进行了详细的调查统计，包括对原生植被保留数量、保护植被情况等的统计。据统计，全线保留树木共计 75760 棵，其中红松 600 多棵，黄檗 200 多棵，水曲柳 500 多棵。

(3) 表土保护技术实施成效

表土收集的要求引起参建单位的高度重视，施工单位采取了施工厂区集中堆放、临时征地集中堆放、路侧临时堆放等措施进行收集（图 3-2-5），同时按技术指导文件要求建设表土场，在各标段建立了标准表土堆放场，采取码方、标志牌、排水沟、苫盖、挡土袋防护等措施对表土进行保护，表土收集成果突出。据统计，全线共收集表土约 228 万 m^3，全部纳入景观绿化设计进行利用。

图 3-2-5　分步清表施工及清理的表土资源

3. 效益评价

(1)经济效益分析

利用收集的表土进行公路绿化，减少了绿化用土量，降低工程造价，也有利于生态恢复；沿线保留的原生植被和原生环境，减少了后期绿化工程量，降低造价的同时保留了原始植物景观效果。

鹤大高速全线保留树木量约 34 万棵，其中保护的高大乔木数量约为 7.5 万棵，原生环境保留超过 9 万 m^2，表土收集量超过 22 万 m^3，理论上通过植被保护与恢复技术可降低工程建设费用约 4.6 亿元。

(2)社会及环境效益分析

通过植被分级保护技术、分步清表施工技术的推广以及强有力的环保管理手段，最大限度地降低了公路建设引起的森林破坏、表土流失，保护山区植物和土壤资源，有效保护了生物多样性，维护了区域生态安全，保护了公路沿线的原生植物景观。

通过技术推广研究，最大限度地保护沿线的景观质量，充分利用了沿线景观资源，使公路景观与自然景观融为一体，为司乘人员营造了风景优美、舒适安全的行车环境，为吉林省其他高速公路建设中资源环境保护起到表率和示范作用，促进了服务型交通行业的发展，推动了"资源节约环境友好型"交通行业和"低碳"交通行业的发展。通过技术的推广提高了人们的环境保护、资源节约的意识，产生很大的社会效益。

二、草皮移植与腐殖土利用技术

1. 技术概要

(1)技术原理

就土壤来看，青藏高原是地球上最年轻的高原，其土壤发育时间较为年轻，是地球上最为独特的土壤区域之一。公路建设中应收集的腐殖土不是传统意义上的工程弃土，而是公路沿线具有植物生长所需营养元素的表层腐殖土，它也是植物种子库的存储载体，其表层土壤中全氮、有机质、全磷、全钾、有效磷和有效钾的养分含量较高。在以往的公路建设中，通常不重视对表土资源的保护和利用，往往随意填埋或废弃，造成资源浪费。

花久高速公路沿线大都属于高寒草原和高寒草甸区，如果在公路施工的清表过程中，将表土和草皮视为资源进行收集和利用，用于公路建设中临时用地的植被恢复等生态恢复工程中，将会有效减少因公路建设造成的沿线土地资源减少的不良影响，还可大大减少绿化工程中外购绿化用土的资金投入。此外，采用分步清表施工的方法，能够克服现有公路施工清表造成的破坏范围过大的缺陷，最大限度地减少清表对植被和表土资源的破坏。

(2)关键技术或工艺流程

在花久高速公路草皮移植和腐殖土利用中，采用分布式清表的方法，对清表涉及的草地草皮首先进行收集，然后对草皮下层的腐殖土进一步收集，根据各典型地块的土壤垂直剖面养分含量变化规律，确定表土收集的厚度；合理设置及设计表土堆放场，尽量减少土壤养分流失，并及早用于临时用地恢复和边坡生态恢复中。

2. 工程示范

该技术在青海花久高速公路建设中进行了全线应用。青海花久高速公路穿越青藏高原腹地。青藏高原区域存在着高、寒、旱、风等气候特点，植物生长期很短，花久路沿线许多路段植物生长期不足三个月，生态环境十分脆弱，植被一旦被破坏，恢复与重建十分困难。因此，开展花久路沿线草皮移植与腐殖土利用(图3-2-6)，对于解决公路建设所造成的生态环境问题具有重要的现实意义。

图3-2-6 青海花久高速公路草皮移植现场照片

3. 效益评价

花久高速公路沿线区域土壤层较薄，路堑处的草皮在开挖前应切割成规则的草皮块，先铲起草皮，清表过程中表土平均收集厚度为15cm，堆放一处并加以养护，待路堑完成后，用于边坡防护等,同时加强施工期风蚀防护措施。养渗剥离植被近 518 万 m^2,路基边坡回贴移植草皮实施生态防护 250 万 m^2。

这些表土资源用于高速公路建设中的边坡生态恢复、生态边沟建设以及作为其他临时用地植被恢复中的客土资源。草皮移植和腐殖土利用,不但节约了公路建设中扰动区域生态恢复的取土,而且能够有效提高边坡植被恢复的生态效果。

该项目的节能量主要体现在草皮移植和腐殖土利用,减少绿化工程费用,减少外运客土,从而降低运输能耗,节省运输成本。经核算,本项目共利用草皮和腐殖土 250 万 m^3,可节约能源15295.53tce,减少二氧化碳排放 26549.83t。

三、劣质坡面打孔绿化技术

1.技术概要

(1)技术原理

①劣质坡面打孔机械设备。一种半自动的坡面打孔平台,该打孔平台由导轨单元、钻孔单元、动力配套单元、控制单元以及安全辅助等多个系统组成,适用于多种劣质坡面,安全性好、稳定性好、钻孔效率高、钻孔直径大、绿色环保、使用寿命长。

②劣质坡面绿化填充基质。该绿化填充基质是一种模块化绿化填充基质,由多层结构组成,主要包括营养钵、塞植块和储水罐三大部分。可根据边坡类型、环境特点进行组分结构和配比的调整。具有保水保肥、简化施工工序、节省大量施工成本的特点。

(2)关键技术或工艺流程

坡面打孔机械设备包括导轨单元、钻孔单元、动力配套单元和控制器,所述导轨单元能依据地形的情况调整固定,通过人工搭建固定在坡面上,形成闭环导轨单元,在导轨单元的上横梁上安装定滑轮;钻孔单元设置为潜孔钻机,潜孔钻机放置在钢结构的底座平台上,底座平台通过滚轮活动卡合,牵引车通过牵引绳绕过定滑轮和底座平台连接,牵引车只在地面上前后移动,通过定滑轮牵引控制底座平台;动力配套单元设置为提供给牵引车和潜孔钻机的气源和电源;控制器和潜孔钻机电连接,作业人员在坡下远离作业区,遥控指挥潜孔钻机设备自动化加工钻孔。

绿化填充基质包括营养钵、塞植块和储水罐,营养钵设置于塞植块上部,塞植块为无盖具底圆柱体,从上往下依次为土壤层、沙砾层和碎石层,塞植块底部具有透水小孔,储水罐设置于塞植块下部,为有盖有底圆柱体,储水罐的盖上有透水小孔,水分可通过小孔进入。营养钵内压实腐殖土,种植植物,优选为木本植物。土壤层包括细砂、有机肥、保水剂、腐殖土等。塞植块具有保水反渗作用,只能接受雨水渗透和根系吸水。钵内种植的植物的根系通过钵底的小孔，伸入到塞植块的土壤层内，土壤层提供了植物生长所需的养分。苗木与营养钵一体在提前苗圃育成，绿化时再将营养钵与塞植块、储水罐组装为一体。边坡绿化时将整个保育系统塞入提前在坡面打好的孔洞中。

（3）技术特点

①打孔机械设备。

安全性好：设备和作业员工分离，避免了山体的危害落石。

稳定性好：框架梁本身靠连接件形成相对大的刚性体，有规律排列不产生任何变形，确保基础设施稳定；框架梁用锚杆固定于山坡上，和坡体充分接触形成一个完整的统一体，设备不会出现摇摆反弹的不稳定情况。

钻孔效率提高：潜孔钻机可以在轨道上下自由行走和停止，辅助时间减少，钻孔压力增大，钻孔速度明显加快。

钻孔直径增大：该设备适应于坡面大孔的钻削。

绿色环保：潜孔钻机排出的粉尘通过水雾处理，解决了二次污染问题。

使用寿命长：操作规范，钻削力量均匀，克服了人工无规则野蛮操作导致的损坏；因为无人靠近操作，钻机特别设计防护罩壳，避免山坡飞石造成的损坏。

②绿化填充基质。

营养钵为上宽下窄的结构，增大了集雨（水）面积，使营养钵能汇集更多水分下渗到塞植块以及储水罐。

塞植块具有保水反渗作用，即储水罐的水无法蒸发和倒吸（虹吸作用），只能接受雨水渗透和根系吸水。塞植块外装材料为可降解材料。

贮水罐可以起到收集雨水作用，雨水进入储水罐后，由于沙砾层和碎石层的阻隔，水分很难反渗和蒸发，起到了储水的作用。

该基质能够为植物生长持续、长时间、独立提供水分和养分，同时能够蓄积降雨回用于植物生长，能够极大地降低坡面植物养护频率和成本。

（4）技术适用性

打孔机械设备适用于各种工程建设形成的高陡边坡、劣质边坡坡面，尤其适用于稳定性较好的石质坡面、岩质坡面、半风化岩坡面。绿化填充基质适用于干旱半干旱地区坡面绿化，能提高坡面植被，尤其是灌木的盖度和生长效果，减少养护。

2. 工程示范

该技术在陕西柞小高速公路边坡绿色工程中进行了示范应用，效果良好（图 3-2-7、图 3-2-8）。

图 3-2-7　陕西柞小高速公路边坡打孔绿化效果

图 3-2-8　陕西小河至安康高速公路高速边坡打孔绿化效果

3. 效益评价

(1)经济效益分析

采用新型打孔机械设备,能够显著提高施工效率,减少现场施工人员数量,节省施工成本;采用绿化填充基质,可以提高植物的成活率,减少坡面养护和植物的补种,节省养护成本。

(2)环境效益分析

打孔绿化技术的使用,能够在以往无法绿化或者绿化难度较大的高陡劣质边坡开展绿化施工,改善边坡的景观效果,提高边坡的稳定性,具有较高的环境效益。

四、植物纤维毯植被恢复技术

1. 技术概要

(1)技术原理

该技术是利用植物纤维毯进行植被恢复的植被工程技术。植物纤维毯由椰丝、秸秆等天然植物纤维材料制成(图 3-2-9),并可根据需要混合植物种子、肥料、土壤等材料,通过特定机械设备使

图 3-2-9　植物纤维毯典型结构

1-上网层;2-纤维层;3-下网层

这些材料一次性压制成毯,形成特定厚度的由双层绳网裹夹的毯卷。

研究证明植物纤维毯植被恢复技术与传统植被恢复技术在路基防护效果上具有显著差异。植物纤维毯可以改善土壤微环境,缓冲土壤温度变化幅度,保持水土及种子,改变草本、草灌(乔)、灌木组合的早期竞争态势,促进灌木建成,是对传统无纺布覆盖方式的重要改进。植物纤维毯植被恢复技术的推广应用有望解决传统无纺布覆盖造成目标灌木群落建植失败问题,长久地提高坡面水保成效,实现路域植被可持续发展。

该技术提出对未成形坡面先盖毯,待成形之后再播种;对成形坡面先播后盖,配合挡水埝、临时排水沟保障坡面稳定。解决了既往工程实践中,主体工程与环保工程在时空上、工艺流程上衔接不当出现问题,使公路路基填筑过程中施工工地的风沙扬尘和雨季的冲刷水毁得到有效控制。

(2)关键技术或工艺流程

技术常规流程如下:坡面整理→播种→铺设植物纤维毯→毯子固定→养护管理。

该工艺流程可根据需要进行调整,如河北京石高速公路绿化工程,综合运用先覆盖(毯子)再播种、先播种再覆盖以及将种子加工到毯子中形成夹层毯直接铺置等多种工艺流程。

针对未成形边坡,在开展路基层填筑施工的同时,覆盖植物纤维毯。具体做法是:完成一层路基填筑施工后,完成一段植物纤维毯铺展施工和配套的临时排水设施延伸,待全部路基填筑、排水设施施工结束后,再播撒种子在植物纤维毯表面。施工步骤为:设置临时急流槽并覆膜→设置路基临时挡水埝→平整坡面→铺展坡面植物纤维毯→纤维毯卷与挡水埝覆膜→垫高路基层→延伸临时急流槽→设置上层路基临时挡水埝→铺展坡面植物纤维毯→完成上层路基填筑施工→完成上层纤维毯反卷扣搭挡水埝并覆膜→完成路基施工→完成永久排水设施施工→纤维毯表撒播种子→纤维毯表覆薄土→浇水养护。

对成形边坡,一次性设置好永久急流槽、设置挡水埝后直接覆盖植物纤维毯。

为了防止路面径流对毯下边坡造成冲刷,掏空毯下土壤,应在路基边沿增设土垄(图3-2-10),土垄高30cm,顶宽30cm,坡度1:1.5。在土垄内侧碾压施工,减少水的渗透,同时防止土体下滑掩盖坡面,也可起到引导水流作用。

每间隔20m布设坡面急流槽,急流槽两端土垄处挡水汇聚于槽内,并集中排出路基,防止路面径流、施工养生水等对坡面造成的污染与冲刷。

(3)技术特点

该技术具有如下特点:

①变废为宝、资源循环利用。

②施工便捷、不受季节影响。

③稳定坡面、防范坡面冲刷。

④建群优良、利于木本建成。

⑤养护简单、绿化成本低廉。

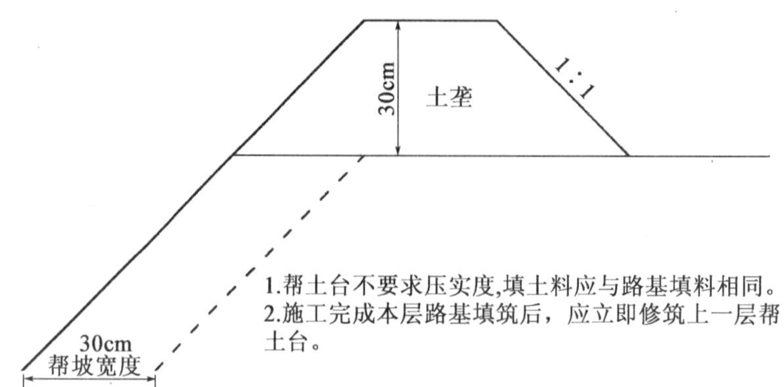

图 3-2-10　土垄设置横断面图

(4)技术适用性

植物纤维毯植被恢复技术已在北方干旱与半干旱区、南方湿润多雨区、西南喀斯特地貌区、青藏高原区初步展现了其适应能力。

2. 工程示范

该技术解决了传统植被恢复只能在路基施工完成之后再开展而可能导致的施工早期水土流失与路基水毁问题;对于干旱少雨地区可集雨灌溉、促进灌木建成,对于湿润多雨地区又可排导坡面降水,防护坡面安全。

从依托工程京石高速公路边坡防护实践来看,可以将路基边坡填筑施工与工程防护同步推进,实现近期防护与远期防护的有机统一,达到“黄土不朝天”的目标,实现灌草混播群落的建植(图 3-2-11)。

a)植物纤维毯防护坡面

b)植物纤维毯防护植被建植效果

图 3-2-11　植物纤维毯防护及灌木建成效果

3. 效益评价

目前,植物纤维毯植被恢复技术已在多条高速公路应用推广,取得了良好的经济、环保与社会效益。在多个区域替代了当地的框架梁、方格网等工程防护措施,节省了边坡防护成本,提高了经济效益,同时也实现了景观绿化美化的生态功能。

在京石高速公路,全线推广植物纤维毯植被恢复工程面积470万m^2,替代了相关圬工防护措施,由此而节约的成本达7990万元;在工艺技术方面,应用了先盖植物纤维毯后播种的建坪技术,对未成形坡面进行先盖,待成形之后再播种;对成形坡面采用先播后盖,并在路基填筑中进行了挡水埝设计、临时排水沟设计,保障边坡的稳定,实现了施工期边坡的及时防护,有效控制了工地扬尘。

在赤水河谷旅游公路,推广植物纤维毯植被恢复技术替代客土喷播工程,节约成本达1718万元,显著减少了施工期水土流失,提高了施工期环境保护成效;建立了草灌复合群落,保障了植被的持续效果,边坡滑塌情况大为改善,项目实施后提高了公路边坡的景观表现,丰富了旅游公路的自然风貌。

在河南机西高速公路,推广该技术替代8m以下边坡的工程防护措施,节约成本达1043万元,产生了巨大的环境、经济效益。

该技术还在青藏高原G214高速公路边坡防护中应用,保持土壤水分,减弱幼苗期高强度的紫外辐射,有效地促进了播种植被建成与铺植草皮的成活。

五、与高压线路共用走廊节地技术

1. 技术概要

(1)技术原理

广中江高速公路建设项目地处珠三角核心地区,沿线城镇高度密集,人口密度大,土地开发程度高,大部分土地已经开发为建设用地,基本没有未利用地,农用地大量划为基本农田保护区。在顺德区均安镇、中山市小榄镇、东风镇、南头镇境内,广东电网公司正在建设500kV狮洋至五邑线路和500kV顺广乙线单改双工程项目,两条输电线路间距30余m,沿线总长超过17km,工程范围内土地可开发利用率较低。通过设计方案论证比选,设计单位提出广中江高速公路沿线17km采用高架桥与500kV高压线共用走廊的方案,这对于在经济发达的珠三角地区节约和保护土地环境资源、在广东地区乃至全国进行高速公路与高压线路并用走廊建设工程示范、打造生态环保的绿色循环低碳高速公路具有重要意义。

(2)关键技术或工艺流程

本项目与500kV高压线共用走廊工程的两项主要内容为:一是开展科研,对共线方案的安全性和可行性进行评价,提出设计方案;二是在共线路段加装安全防护设施,主要是防护罩和加强型桥梁护栏。

安装防护罩的主要目的是防止绝缘子大颗粒或电力工人检修工具坠落入高速公路,影响行驶车辆。对17处交叉路段及4处路面进入导线下方的路段安装防护罩。

安装加强型桥梁护栏的目的是防止车辆发生碰撞后翻到路外,从而消除对高压铁塔的威胁。在高压铁塔临近桥面路段共安装加强型桥梁护栏3781.7m(双侧共计)。

2. 工程示范

广中江高速公路建设项目在顺德区均安镇、中山市小榄镇、东凤镇、南头镇境内,采用与广东电网公司已建成的500kV狮洋至五邑线路和500kV顺广乙线单改双工程项目共用走廊带设计(图3-2-12),总长度约17km。这对于节约和保护土地环境资源、在广东地区乃至全国进行高速公路与高压线路并用走廊建设工程示范、打造生态环保的绿色低碳高速公路具有重要意义。

图3-2-12　广中江高速公路与高压线路共用走廊节地设计通车后照片

3. 效益评价

本工程的节能减排效果主要体现在节约土地资源上。本工程17km与500kV高压线路共用走廊段为高架桥设计方案,由于高压线路左右幅之间土地原本只能空置或作为农业用地,现利用为高速公路的建设用地,主线及互通立交共节约用地约84万m^2。

此外,本工程还将产生巨大的社会效益,主要表现在:本项目所形成的高速公路与高压线路共用走廊段安全保障技术,可指导广中江高速公路的安全设计、施工、运营管理,避免盲目设防,提高安全防护措施的成本效益比。成果可提高工程安全水平,大幅度降低工程技术风险,减少建设期和运营期安全事故发生率,具有较高的理论创新性和技术实用性。

六、块片石自密实混凝土施工技术

1. 技术概要

混凝土工程是公路建设的主要工程之一。在我国,尤其是山区公路建设领域长期存在挡墙等混凝土工程施工缓慢、成本高、块片石资源不能得到有效利用等问题,在很大程度上阻碍了我国公路建设的发展。因此，研发先进、高效的混凝土施工技术是支撑我国公路建设快速发展的重大课题。

自密实混凝土作为一种新型高性能混凝土，其新拌混凝土因具有十分良好的工作性，使混凝土的填充性、密实性、均匀性得到显著提高，能够在自重下无须振捣而自行填充模板的空间，形成均匀密实的混凝土结构。目前，自密实混凝土已经成为高性能混凝土的一个重要研究方向。

片石混凝土一般多用于基础工程与挡墙工程，如片石混凝土带形基础、片石混凝土垫层等。浇筑混凝土墙体较厚时，也掺入一定量的片石。传统片石混凝土施工中，对片石掺入量、片石粒径、片石间隙、片石投入方式等有严格的规定。

将自密实混凝土最新技术与传统的片石混凝土技术结合起来，形成块片石自密实混凝土。这是一种机制砂超流态自密实片块石混凝土，是根据贵州地区混凝土原材料特点与混凝土技术发展状况研发的一种新型的超流态自密实混凝土。其施工过程是首先将满足一定粒径要求的大块石/片石直接放入施工仓（图3-2-13），形成有一定空隙的片石体，然后在片石体表面浇筑特定的超流态自密实混凝土（图3-2-14），依靠自重，完全填充片石空隙，超流态自密实混凝土硬化后与片石形成完整、密实、低水化热的混凝土结构，其混凝土强度等级可满足不同设计要求。这一技术改变了传统的片石混凝土施工工艺，而且大大提高片石混凝土质量，降低人工劳动成本，提高施工效率，改善施工环境。

图3-2-13　块片石入仓

图3-2-14　块片石自密实混凝土浇筑

2. 工程示范

本项技术在盘兴高速公路进行了全线推广，应用工程结构包括挡土墙、路肩墙、护肩、路堤、护脚墙等，取得了很好的效果，相对于传统施工技术，质量得以提高、施工周期缩短、工程成本减少、最大限度地保护了环境，同时解决了山区片石混凝土挡墙施工缓慢的难题。现场各项检测表明，块片石自密实混凝土的外观表面光滑、无缺陷（图3-2-15），内部结构密实（图3-2-16），混凝土完全填充块片石的内部孔隙，块片石自密实混凝土结构力学性能完全满足挡墙混凝土的设计需求。

图3-2-15　挡墙外观效果

图3-2-16　挡墙剖面效果

3. 效益评价

本项技术在盘兴高速公路挡土墙、路肩墙、护肩、路堤、护脚墙等工程进行了大规模推广应用。全线共使用块片石自密实混凝土28.8万m^3,与使用传统混凝土相比,减少水泥用量2.7万t,减少水用量10.8万m^3,减少砂用量8.6万m^3,利用隧道弃渣9.6万m^3。大大节约了社会资源,取得了显著的经济效益和社会效益。

七、机制砂混凝土应用关键技术

1. 技术概要

本项技术提出了机制砂混凝土的配合比设计方法与施工关键技术,形成了包括机制砂质量技术要求、机制砂生产与质量控制、机制砂混凝土配合比设计与施工技术等在内的一整套机制砂混凝土应用关键技术。

①创建了基于砂粒与石粉分别表征的机制砂质量评价体系。首次采用激光同轴共聚焦显微技术定量表征砂粒的颗粒特性,建立了基于细度、MB值、需水性、活性等多指标的石粉质量评价体系。探明了机制砂质量指标间的相互关系及其对混凝土性能的影响规律与作用机理,形成了公路工程混凝土用机制砂质量标准。

②建立了基于石粉MB值的石粉含量限值标准。发现了机制砂石粉“量”(含量)—“质”(MB值)的耦合效应,探明了机制砂“量—质”耦合对不同等级混凝土性能影响规律。提出了用于不同强度等级混凝土机制砂中石粉MB值与含量的限值,建立了基于MB值的机制砂石粉含量动态调控原则与限值标准。

③开发了高耐磨机制砂路面混凝土制备关键技术。揭示了配合比设计参数、机制砂特性等因素等对机制砂路面混凝土耐磨性与强度的影响规律,提出了路面混凝土用机制砂的技

术指标,采用石粉含量为10%的石灰石机制砂配制的路面混凝土磨耗值低至1.133kg·m^{-2}。

④研发了新型高效环保砂石联产工艺与工法。开发了机制砂粒形、级配、压碎值、石粉含量与MB值综合调控关键技术,设计了新型碎石与机制砂联产工艺与设备的选型与组合,研发了新型高效环保砂石联产工艺与工法,使母岩利用率提高30%,实现了污水零排放。

⑤形成了机制砂高性能混凝土配合比设计与施工方法。针对机制砂与机制砂混凝土的特性,充分利用石粉的填充、增黏、保水等作用,建立了机制砂高性能混凝土配合比设计方法,突破了机制砂混凝土难以高性能化的技术瓶颈。

2. 工程示范

本项技术成果在全国沙少石多地区的高速公路建设中得到了广泛推广应用,湖北、湖南、福建、广东、广西5省区的15条高速公路中应用机制砂混凝土2115.4万m^3。

3. 效益评价

本项技术推广应用取得了显著的社会、生态、环境效益,具体如下:减少工程成本10.08亿元;累计减少河砂资源消耗1197.22万m^3;充分利用碎石伴生的石屑等副产品,使母岩利用率提升30%以上,减少了石屑等副产品堆存和处理带来的空气污染;累计利用弃石、洞渣等固体废弃物1149万m^3,降低了固体废弃物堆放对土地的需求,减少了砂石生产对山体的开挖和破坏,减少了水土的流失,保护了生态环境;通过拓宽机制砂中石粉含量限制,充分利用石粉特性,并配合高效环保数控砂石联产技术,减少了机制砂制备过程中对水资源的消耗,实现了废水零排放,累计减少废水排放2389.44万t。

八、高原寒区温拌沥青路面技术

1. 技术概要

(1)技术原理

沥青混凝土路面摊铺时会排放大量的二氧化碳及其他有害气体,不仅造成环境污染,还对作业人员身体造成潜在的伤害。尤其是在寒区沥青路面施工时,适宜施工季节短、混合料施工温度高、老化严重。

温拌沥青混合料是一类使用特定的技术或添加剂,使拌和及施工温度介于热拌沥青混合料(150~180℃)和冷拌(常温)沥青混合料之间,性能达到热拌沥青混合料的新型沥青混合料的统称。由于温拌沥青混合料较低的拌和及压实温度,其与热拌热铺沥青混合料相比有以下优点:

①较低的拌和及摊铺温度,可大量减少烟气及其他有害物质的排放,能够极大减轻混合料生产过程中可能对人体造成的潜在伤害,维护施工人员的身体健康。

②降低能源消耗。有资料表明,当沥青混合料拌和温度降低 15 ~ 30℃,燃料消耗可减少 30% 左右。

③较低的生产设备损耗。由于生产温度降低,混合料生产过程中对生产设备的损耗也相应降低,可以延长设备使用寿命。

④减小沥青胶结料在生产过程中的老化。资料显示,当温度高于 100℃时,沥青温度每升高 10℃,其老化速率将提高 1 倍。

⑤较快开放交通。由于温拌沥青混合料在摊铺和压实时温度较低,在碾压完成后可以较快地开放交通。

⑥延长施工季节,在较冷的气候条件下也可施工。

(2)关键技术或工艺流程

在道路上下面层均加入温拌改性剂,使沥青混合料的拌和温度及碾压温度降低 30℃以上。加入温拌改性剂的沥青混合料,其技术性能达到同类型热拌沥青混合料的指标,并满足现行《公路沥青路面施工技术规范》(JTG F40—2004)要求。

2. 工程示范

2007 年,青海省交通科学研究院开始进行温拌沥青混合料应用技术调研和初步的室内试验研究工作,对国内的温拌应用状况进行了密切的跟踪考察。2008 年,在前期室内评估技术上,成功实施了青海省首条温拌沥青混合料试验路——德令哈试验路,试验路展现了温拌沥青路面技术对延长施工季节和改善压实、减少老化等方面的显著效果,并编制了地方标准《寒区温拌沥青混合料路面技术规范》(DB 63/T 812—2009),青海“温拌沥青混合料技术在道路建设中的应用”被列入交通运输部“交通运输行业第三批节能减排示范项目”(交政法发〔2009〕266 号)。

3. 效益评价

(1)经济效益分析

市场上温拌改性剂进口产品单价约为 30000 元/t,最佳掺量为沥青质量的 3‰,按照最佳油石比为 5% 计算,每吨沥青混合料需添加约 1.43kg 温拌改性剂产品。因此使用温拌改性剂,单从材料成本计算,每吨沥青混合料增加成本约为 42.9 元。

铺设 60km 温拌沥青路面,累计应用温拌沥青混合料约 222480t,总投资 11791.5 万元,与热拌沥青混合料相比增加投资约 954.4 万元。

(2)社会及环境效益分析

每吨沥青混合料每升高 1℃消耗的燃油为 0.0612kg,当温度降低 30℃时,每吨沥青混合料可节省燃油 1.84kg。

预计可节约燃油 363.83t,折合标准煤 584.9t。

九、预应力管桩应用技术

1. 技术概要

(1)技术原理

预应力混凝土管桩是由专业厂家采用先张法预应力工艺和离心成型,经高压高温蒸汽养护而成的空心等截面预制混凝土构件,具有单桩承载力高、适用地质条件范围广、施工速度快、穿透能力强、成桩质量可靠的特点。采用预应力管桩可以节约混凝土用量,减少现场混凝土浇筑带来的环境污染,在高层建筑基础、港口、码头基础、软基处理和桥梁桩基础等工程项目中得到了广泛应用。

(2)技术适用性

管桩基础适用的地质条件是:基岩埋藏深、强风化岩层或风化残积土层厚等情况。

2. 工程示范

本项技术在广中江高速公路建设项目进行了全线推广应用(图 3-2-17)。广中江项目全线从场区地貌上而言,属于珠江三角洲海陆交互相沉积平原区,地质构造运动微弱,地壳相对稳定,不良地质仅局部发育,总体工程地质条件较好,下部基岩稳定。从具体地质分层而言,地表以下 10m 深度范围内多为淤泥质层,含腐殖物碎片,局部夹杂细砂;该淤泥质层以下,主要为灰褐色的松散或中密实砂性黏土层;其下部基本为全 ~ 强风化花岗岩,但此层厚度从 1m 到 10 余 m 分布不均。从钻孔资料分析,标准贯入值随着孔深增加呈现较明显的增长,总体上在 0 ~ 20m 深度范围内标准贯入数值偏小,但当触及全 ~ 强风化花岗岩岩面时,标准贯击数显著提高,普遍大于 40 击,工程性质较好,可作为管桩的持力层,总体较为适合采用管桩。

图 3-2-17　广中江高速公路预应力管桩施工现场照片

3. 效益评价

本项目采用管桩基础,全线可节省混凝土工程量 64521m^3,节约钢筋 1400t。同时,采用管桩技术相比传统的钻孔灌注技术,每根要增加柴油 13.36kg,节约用电 18766.8kW·h。全线共用管桩 9875 根,按照 5 根管桩代替 1 根灌注桩估算,共可节约用电 3632.104 万 kW·h,但柴油消耗增加 278.87t,综合节能量折合 11579.602t 标准煤。

十、新型常温改性沥青筑路技术

1. 技术概要

本项技术通过材料研发创新,实现了对沥青类材料温度敏感特性的改性,可使沥青混合料在常温条件(30 ~ 100℃)下拌和、摊铺、碾压,并能在极寒环境温度(最低 -40℃)及高海拔条件下施工作业,对公路工程行业具有革命性影响。

通过加大改性剂甲基苯乙烯类嵌段共聚物掺加比例的方式,使沥青混合料在室温密封存储 6 个月时间内具有较好的施工和易性,且各项技术指标优于乳化类、稀释沥青类冷补料,对冷补料的革新具有借鉴意义。

可代替再生剂,用于旧沥青混合料再生。在 100 ~ 110℃ 范围内实现再生,避免二次加热老化,废旧材料掺加量达到 60% 以上,远高于现在普通厂拌热再生的旧料掺量(20% ~ 30%)。经多次检测,常温再生沥青混合料的低温抗裂性能、抗疲劳开裂性能、耐久性与新拌沥青混合料相当。

通过调整材料组成和施工工艺,采用普通施工机具进行 1 ~ 1.5cm 的超薄罩面摊铺,其耐久性、抗裂性、行驶舒适性、经济性均优于常用的预养护措施——微表处,提高了公路预养护措施的技术水平。

2. 工程示范

该技术已在我国 20 多个省市进行了示范应用,特别是在新疆北疆、西藏那曲、福建古田等极端气候片区进行了专项技术示范,基本涵盖了我国所有的气候分区,实体工程包括各等级公路和市政道路,技术类型涵盖了新建、罩面、坑槽修补、预养护和旧料再生利用等,总里程超过 2000km,创造直接产值 3 亿多元。目前已形成常温改性剂生产、常温改性沥青混合料施工企业 30 多家和年产值超过 20 亿元的产业规模。

3. 效益评价

常温沥青混合料能大幅减少一氧化碳、二氧化硫、二氧化氮及氮氧化物、烟气等有毒气体的排放,减少对施工人员及周围居民的伤害。该材料可在寒冷、高海拔地区施工的特点,特别适用于在边疆地区的公路建设。同时,其允许快速开放交通、节能减排的特点,也适合在广大内陆地区的城市道路建设与养护中应用,满足居民对空气质量和环境的要求,具有良好的社会效益。

常温沥青混合料具有良好的间接经济效益。可显著延长施工季节,使公路建设的投资回报周期缩短,节约人力与物力成本。较低的拌和及摊铺温度,使路面在碾压完成后较快开放交通,避免了对正常交通运输的干扰,从而保证了运输的畅通性。良好的路用性能,延长了养护期限并大幅减少了养护费用。

十一、沥青混合料大比例温再生技术

1.技术概要

本技术采用理论分析与试验验证相结合、室内试验与实体工程相结合的方法,通过调研、总结、分析、试验与实施等手段,将温拌技术应用至路面再生沥青混合料中,在不牺牲路面质量的前提下,大幅提高了沥青旧料的循环利用比例,实现了旧沥青混合料的大比例温再生。主要技术内容如下:

①开发了沥青混合料大比例温再生技术,在保证再生沥青混合料的高、低温性能、水稳性能均满足规范要求的前提下,将RAP掺量提高到57%,且不添加再生剂,同时RAP全部利用。

②首次提出了采用红外光谱分析新旧沥青融合过程的分层溶解方法,以及采用羰基指数评价新旧沥青的融合过程的方法。

③建立了细化的SBS(苯乙烯-丁二烯-苯乙烯嵌段共聚物)改性沥青、基质沥青回收试验方法。

④提出了马歇尔等体积法确定大比例温再生沥青混合料施工拌和温度的方法,通过能量守恒原理确定了合理的新集料加热温度。

2.工程示范

2015年7~10月,在侯禹高速公路路面维修处治工程中,采用了本技术,对道路维修处治工程中路面结构的耐久性及高温稳定性起到了至关重要的作用。以往路面维修处治工程对于结构强度足够但破损较严重的路面一般采取铣刨重铺的技术方案,铣刨后的沥青混合料大多被废弃。在侯禹高速维修处治中重复利用了90%的旧沥青混合料,一方面节约了重铺新沥青混合料的费用,另一方面降低了路面施工温度,节约了能源消耗,同时减轻了废气排放,符合"节能减排、低碳环保"的方针和理念,具有显著的经济、环境与社会效益。此外,还可以有效延长沥青混合料的摊铺时间,在相同压实功的情况下可有效提高沥青混合料的压实效果,提高路面高温性能,延长路面使用寿命。本技术在太旧、大呼、平阳、忻阜等高速公路的维修处治工程中进行了推广应用,效果良好。

3. 效益评价

社会效益方面:降低了路面施工温度,可有效延长沥青混合料的摊铺时间,在相同压实功的情况下,提高了沥青混合料的压实效果,提高了路面高温性能,延长路面使用寿命。

间接经济效益方面:节约了能源消耗,减轻了废气排放,符合"节能减排、低碳环保"的方针和理念。从节约能耗方面分析,每吨再生沥青混合料可节约180号重油6kg;从减少碳排放方面分析,每吨再生沥青混合料可减少7.5kg碳的排放,减少了废气对环境的污染。

十二、重载交通下南方公路路基耐久性提升技术

1. 技术概要

重载交通下南方公路路基耐久性提升技术立足于重载交通作用下南方公路路基填料路用性能研究,探索暴露在重载交通与潮湿多雨环境下路基的耐久性特征,提出基于路基路面协调变形的路基刚度匹配设计方法,形成服务于路基耐久性提升的填料控制、填筑施工、湿度控制等成套技术,以提升重载交通作用下南方公路路基耐久性,避免公路运营成本过大、重复建设等,实现资源节约与环境友好型交通的需求。

①通过路基填料在重载交通荷载下的动力特性试验,建立了更适应重载交通荷载特征的四参数动态回弹模量预估模型,可精细调整剪应力对动态回弹模量的贡献,推导空间应力状态下的精确一致切线刚度矩阵,提高复杂应力状态下的计算精度,更加真实地反映重载交通荷载下路基的动力响应。

②提出了路基水稳定性能评价指标,并建立了相应的预测模型,实现了路基力学性能指标与湿度的联系,有利于促进湿度变化条件下路基性能演变的定量化研究,同时为不同湿度条件下填料选取提供了可靠依据。

③开发了交互式的轮胎—路面—路基系统耦合动力学分析软件,用户可直观地进行几何尺寸、路基路面、加筋材料和位置等参数的设置,为考虑协调变形的路基路面一体化分析和设计提供了全新的手段。

④基于路基—沥青路面结构弯沉等效和路基—水泥混凝土路面板底弯拉应力等效,给出了路基回弹模量的设计参考值,从路基路面协调变形出发明确了路基刚度匹配系数的合理控制范围,改进了路基设计方法。

⑤形成了基于路基目标刚度的填料改良和加筋土处治技术,构建了路床加筋耐久性路基结构体系,有效提高了动力作用下的路基耐久性。

⑥在公路领域首次提出了集成毛细透排水管设计方案和施工工艺的路基湿度控制技术，增强了排水作用，对路基的湿度控制效果更好，并可有效防止土颗粒流失；发展并完善了绿色环保的上接圬工排水沟渠的生态滤沟、生态浅碟形暗埋式边沟、三维土工复合排水网增强路基排水系统。

2. 工程示范

本成果先后应用于南方10余条公路的设计、施工和咨询，如湖南省临湘（湘鄂界）至岳阳高速公路（大岳高速）、湖南省衡阳至桂阳高速公路（衡桂高速）、湖南省张家界至桑植高速公路（张桑高速）。

3. 效益评价

本技术成果在10余条公路的设计、施工、咨询中得到应用，节约了土地，提高了路基长期耐久性，节省了公路维护费用，降低了全寿命周期成本，改善了环境景观效果，有助于满足资源节约与环境友好型交通的需求。

第三章　绿色公路运营养护

一、车辆超限超载不停车预检管理系统

1. 技术概要

车辆超限超载不停车预检管理系统是在车辆正常行驶过程中，动态检测过往车辆的轴重、车长、高度等信息，提前对超限超载车辆进行超限预判和分拣，以减少对不超限车辆的二次检测工作。

车辆超限超载不停车检测系统可大幅提高车辆放行速度，有效缓解高速公路收费站口的拥堵现象。超限超载不停车检测系统的投入使用，不但可以有效遏制非法改装车辆的通行，还能对车辆的不当货物装载进行纠正，避免车辆因货物超出车辆护栏发生交通事故，有效地查处超载车辆，减少因车辆轴重超限对公路、桥梁的破坏，保护公路路产路权。同时该系统还避免了治超点人工开具磅单速度缓慢、易造成收费站入口拥堵的弊端，用科技手段提升路政的服务水平，保障正常的公路运营秩序。

系统主要包括高速动态称重传感器、高速动态称重中心控制器、车牌识别摄像机、可变情报板、设备控制计算机及相应信息传输设备(图 3-3-1)。

2. 工程示范

青海花久高速在人武收费站、花石峡省界收费站分别建立一套车辆超限超载不停车预检系统(单向)。根据青海省内已经实施的预检系统等测算，建设两套不停车预检系统预算 190 万元。

3. 效益评价

(1)社会经济效益

提高道路交通的管理水平和路政执法效率，防止因治超工作而导致的道路拥堵，为交通管理部门提供路面车流量、车速、超限超载等方面的准确数据，可按照需求进行多项分析，为治理超限超载工作提供决策。另外，通过对超限超载的治理，减少违法车辆对公路设施的破坏，维持公路的设计使用寿命，节约大量的道路养护成本系统；能够实现无人值守，对过往的车辆实现实时全检，超限车辆的信息能迅速在治超站内的电子显示屏上显示，对

违法违章车辆形成威慑力，提高道路交通安全保障。

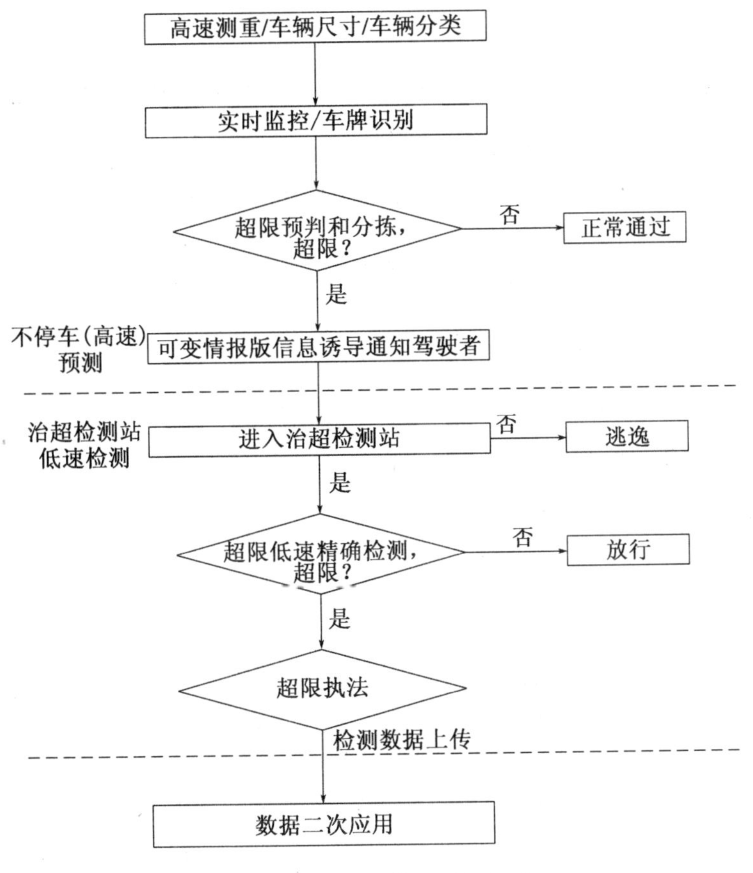

图 3-3-1 治超管理系统组成

(2)节能减排效益

据研究，传统的检测方法需要多个环节和烦琐的人工作业，每辆货车耗时约 1min。相关研究结果显示，货车在怠速状况下平均油耗为 5L/h，所以平均每辆货车因人工检测消耗的燃油为 0.083L，而高速预检系统则无须停车，仅对预检超限的小部分车辆做进一步检测。根据特征年份各立交交通量预测估算，在花久高速整个项目运营期，平均每大通过大武收费站出高速公路货车约为 1425 辆；通过花石峡收费站出高速公路货车约为 472 辆。因而，项目运营期，超限不停车预检系统每年节约的燃油为 56936L；每年节约标准煤 69.68t，每年减少二氧化碳排放 151t，节能减排效益显著。

二、隧道光伏智能照明技术

1. 技术概要

隧道光伏智能照明技术将光伏发电、LED 照明、自动控制方面的最新研究成果有效整合，从隧道照明的供电方式、隧道照明灯具、隧道照明控制方式等方面解决隧道照明的安全性和节能性之间的矛盾，实现隧道照明系统的“开源”和“节流”。

隧道光伏智能照明技术基于“绿色循环低碳交通”理念,提升绿色照明技术、用能设备能效提升技术及新能源、可再生能源在交通基础设施运营中的应用水平,综合应用了自然光照明、LED 照明、太阳能光伏发电和智能传感调光控制等多项节能技术,是一种可持续发展、全寿命周期成本最低的公路隧道绿色照明技术,有效解决了以往隧道照明系统耗能大、维护费用高、控制模式单一、照明过度、不开或少开照明等安全隐患大的通病。

公路隧道光伏智能照明系统总图如图 3-3-2 所示。

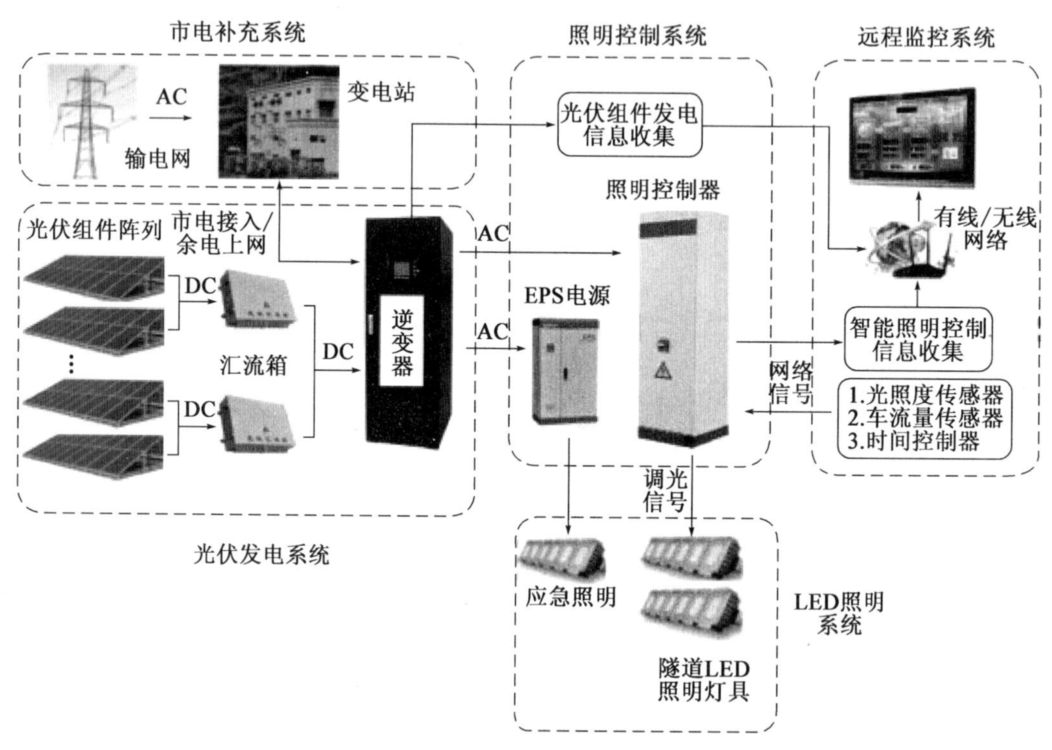

图 3-3-2　公路隧道光伏智能照明系统总图

(1)LED 照明系统

从隧道照明系统的安全性和节能性两方面综合考虑,智能照明系统采用可调光的隧道 LED 灯(图 3-3-3)作为照明灯具。LED 光源由于寿命长、耗能少、体积小、响应快、抗震抗低温、污染小等突出的优点,应用领域极为广阔。随着制造成本的下降和发光效率、光衰等技术瓶颈的突破,LED 光源优势日趋明显,将逐全面取代传统光源(图 3-3-4)。

LED 光源具有以下优点:

①高效节能:LED 光源色温 3000 ~ 6000K,显色指数 85 以上,与高压钠灯相比,颜色更接近于自然光,降低了人眼感到同样亮度时所感受到的光强,因此道路照明中 LED 路灯照明效果较高压钠灯好。

②使用寿命长:LED 灯具解决了散热、驱动电源的关键性难题,LED 灯可靠性达高压钠灯的 20 倍,使用寿命可达 10 万 h。

③智能化控制:可根据时间和外部环境远程调节 LED 灯功率,提高节能性,实现智能化。

图 3-3-3　隧道专用 LED 灯具

图 3-3-4　隧道 LED 灯具照明效果

④显色性好：设定阳光显色指数为 100，高压钠灯由于以金属钠蒸汽为发光源，光线呈单一偏黄，显色指数仅为 23；LED 灯发出的是白色光，显色指数达 85 以上，色彩更真实，也不存在危害性的紫外光线和红外光线，不吸引昆虫。

⑤有效减少眩光：传统灯光源光线呈 180°散射，LED 灯通过二次光学设计，使得光线投射到路面形成矩形光斑；无散射眩光，对周围环境不造成光污染；光场区亮度分布均匀，光线柔和。

⑥无频闪：LED 采用直流供电，发光恒定，无闪烁。

⑦响应快速：高压钠灯等高强度气体放电灯有延迟效应，在点燃 15min 后才能达到其 90% ~100% 光通量，LED 灯通电即达到正常亮度，无开灯延时现象，便于实行智能控制，更加节能。

⑧安全：LED 照明作为固态照明，可以有效防振、防爆。

⑨散热性能优良：超导热管散热结构设计，保证了 LED PN 结结温不会超过 65℃，从而保证了 LED 的发光效率及工作寿命。

⑩高效可靠的电源：多路而可靠的恒流源驱动电路（电源效率达 98%），保证了 LED 工作的稳定性。

（2）光电互补供电系统

隧道光伏智能照明系统将光伏发电系统应用到高速公路隧道的机电系统中，改变隧道机电系统的供电能源结构，由全部化石能源供应优化为由可再生能源供应为主、化石能源供应为辅的能源结构，大大降低高速公路隧道的机电系统化石能源的消耗，降低运营成本，减少温室气体排放。

光伏发电系统（图 3-3-5）是将太阳能转变为电能的系统，系统由光伏组件 PV 阵列、组串式并网逆变器、交流配电箱以及并网柜等部件组成。光伏阵列（图 3-3-6）接受太阳光照射产生电能,经过逆变器转变为三相交流电,通过交流配电箱将汇流整合成可用的稳定交流电,对隧道照明系统进行供电。

图3-3-5　光伏电站

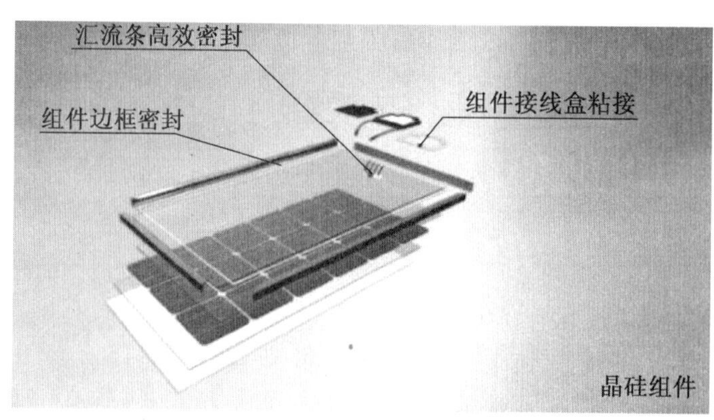

图3-3-6　光伏组件结构组成

(3)隧道照明控制系统

目前传统隧道照明系统的控制方式有三种——手动控制模式、分时段进行的时序控制模式和有级控制模式,智能化程度不高,主要存在以下两个问题:采用手动控制模式及分段时序模式的系统,不能随时根据洞外的亮度变化进行洞内亮度调节,造成了很大的能源浪费;以自动控制模式为主、手动控制模式为辅的系统,洞内调光采用控制灯具的不同开关组合有级模式,不能实现无级调光。

隧道光伏智能照明系统结合现有的智能化控制技术和LED灯具无级调光技术,提出一套高速公路隧道智能照明系统及相应控制设备和控制软件,可根据季节、大气、洞外亮度、时间、交通量等多参数精细化控制隧道照明质量。较传统隧道照明控制系统,本系统控制更加智能化和精细化,真正实现"按需照明",节能效果明显。

控制系统配备时间控制器、光通量传感器和车流量传感器等多种控制器,可实现:第一,根据控制系统预设的照明时间段自动调整照明回路;第二,在各个照明时段根据洞外的亮度传感器(图 3-3-7)信号变化自动调节灯光亮度,实现隧道内照明亮度和洞外亮度同步变化;第三,根据车辆传感器信号(图 3-3-8),在无车或者车流量小时,自动降低隧道内照明亮度,并在夜间照明时段实现“车来灯亮、车走灯灭”,最大限度地降低照明系统能耗;第四,在隧道内各照明段设置光照度传感器以检测洞内照明实际达到的亮度值,并与依据洞外亮度确定的各段设计照明亮度进行比对,调整照明灯具调光数值,实现闭环控制;第五,隧道内每盏灯均设置唯一的通信地址,可实现隧道内灯具的逐灯巡检。

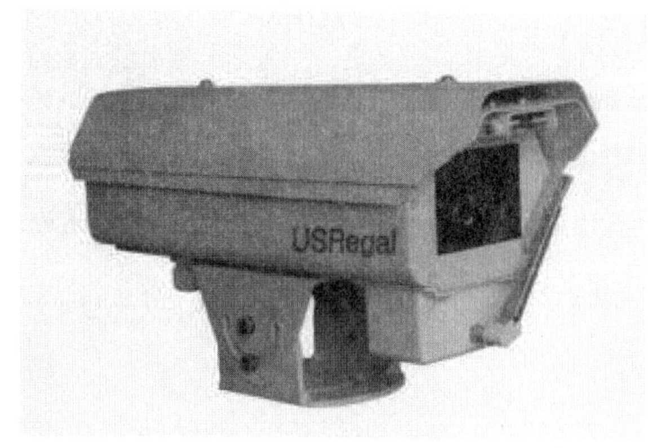

图 3-3-7　亮度传感器

图 3-3-8　地感式车辆检测器安装

(4)远程监控系统

目前隧道机电系统普遍采用电力监控方式进行远程监控,未实现运行状况的实时网络监控、运行数据的网络存储,不利于隧道运行数据的查询和访问。隧道光伏智能照明系统建立了一套基于云平台的隧道机电系统监控系统,利用本地控制器采集隧道洞内灯具状况信息、洞内亮度信息、车流量信息、机电设备运行信息、环境亮度信息和视频监控信息,通过4G 传输技术将采集的信息实时上传至云平台服务器,可远程登录服务器查看隧道机电系统运行状态,实时掌控隧道的运营情况。通过远程服务器终端,可调整隧道机电系统的控制参数,根据实际运行工况,远程控制机电系统的运行。云平台监控系统管理界面如图 3-3-9、图 3-3-10 所示。

图 3-3-9　云平台监控系统管理界面

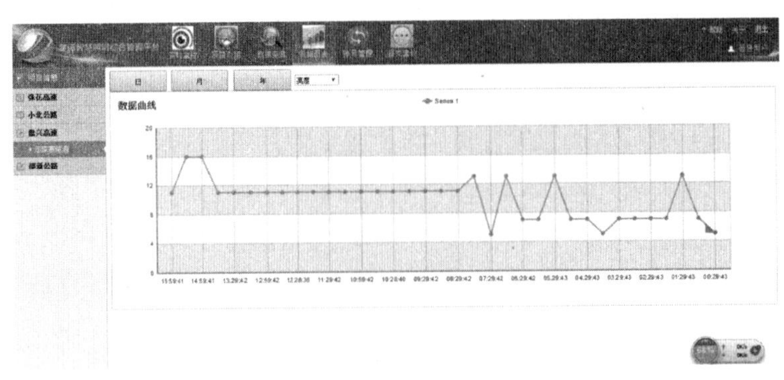

图 3-3-10　云平台监控系统管理界面

建立隧道内运营状况监测系统,利用云平台实现隧道运行状况的远程监控。主要监控对象包括光伏发电系统运行状况、隧道内灯具开启状况、洞外和洞内亮度情况以及隧道灯具故障情况等,增强系统的安全性、可靠性和先进性。

2. 示范工程

本技术依托工程为贵州省盘兴高速公路司家寨隧道。司家寨隧道位于贵州省六盘水市盘县,是盘兴高速 13 座隧道之一。司家寨隧道总长 952m,属双洞单向交通隧道(右洞长 462m,左洞长 490m),设计车速为 80km/h。司家寨隧道地处偏远山区,电力资源贫乏,原设计照明方案年耗电量和维护成本很高。

司家寨隧道照明工程(图 3-3-11)中采用的基于云平台监控的公路隧道光伏智能照明技术,先后通过了理论论证、实验性验证及实际使用验证。隧道照明灯具全部采用可调光隧道专用 LED 灯具,应用智能化控制技术,实现根据天气、洞外亮度、时间、车流量、供电电压等多参数动态控制隧道照明质量。隧道照明供电方式采用太阳能光伏发电、风力发电和市电互补方式进行系统供电,应用可再生能源——太阳能和风能,减少电能消耗,减少温室气体排放,真正实现公路隧道的“绿色照明”。

图 3-3-11　司家寨隧道光伏智能照明项目

(1)设计思路

根据公路隧道照明系统的配置功率,结合贵州省光照资源条件,研究光伏发电在交通基础设施中的应用条件和方法,并进行公路隧道光、市电互补照明系统匹配性的研究;研究一种智能照明控制系统,根据天气、洞外亮度、时间、车速、车流量、供电电压等多参数动态控制隧道照明质量;运用网络云平台技术实现隧道机电系统运行状况网络监控和运行数据的网络存储、访问的隧道监控系统研究。

(2)技术方案

依托盘兴高速公路隧道建设项目,通过技术性和经济性分析合理设置光伏发电系统装机容量与照明系统负载的比例,施工过程中根据实际情况进行优化配置。建立光伏资源观测系统,不间断监测太阳辐射量数据,据此计算理论发电量与实际发电量进行对比,确定发电量富裕或是不足。通过不间断监测数据和对比分析,确定贵州地区太阳能资源条件下的系统容量设置,形成应用条件和方法。建立照明智能化控制系统,多参数进行动态控制隧道照明质量。通过智能照明控制器,根据采集的隧道环境数据、照明数据、供配电数据、光伏电站数据,计算调整隧道内照明质量。

建立隧道云平台远程监控系统。通过 GPRS 无线通信模块,将采集计算的数据发送至专用数据处理服务器,实现数据网络云存储。管理人员通过远程端登录监控系统,根据不同季节和不同照明需求对照明参数进行设置。设置的参数通过服务器,利用 GPRS 无线网络传输至本地照明控制器,本地智能照明控制器根据接收的参数进行控制,对隧道内照明质量或照明工况进行调控。

(3)项目示范过程

①LED 照明系统建设。

按照《公路隧道照明设计细则》(JTG/T D70/2-01—2014)、《公路隧道设计规范 第 2 分册 交通工程及附属设施》(JTG D70/2—2014)进行如下设计:选取 2025 年为照明设计期,司家寨隧道路段照明设计一期小时交通量取 445veh/h(隧道设计行车速度为 80km/h,选取高峰小时系数为 0.085,方向不均匀系数取 0.55)。隧道建筑限界净宽 11.1m,净高 5.0m。根据洞门形式以及洞门周围景物反射率确定洞外亮度。隧道洞口 L20(L20 为在公路隧道接近段起点处,距地面 1.5m 高、正对洞口方向 20°视场实测得到的平均亮度)按 2750cd/m^2 考虑,入口段亮度折减系数取 0.026,入口段设计亮度按 L20 的 0.026 倍计算。照明设计标准见表 3-3-1。

司家寨隧道照明设计标准　　表 3-3-1

名称	司家寨隧道	
段落	右洞段长/左洞段长(m)	设计亮度(cd/m^2)
入口段 1	36/36	71.5
入口段 2	36/36	35.75
过渡段	72/72	11.25

续上表

名　称	司家寨隧道	
中间段	243/270	2.5
出口段 1	27/27	7.5
出口段 2	36/36	12.5

隧道入口段、过渡段及出口段设置了相应的加强照明。从基本照明中选择左侧的偶数灯作为应急照明光源,设计亮度为基本照明的1/10。应急照明供电方案采用应急照明+主动发光隧道诱导标 EPS 模式。应急照明备用时间为60min 以上。灯具用固定支架安装在隧道侧壁上,其位置应在隧道建筑限界外,灯具安装附件及连接电缆由灯具厂家统一提供。光源选择45000h 以上工作寿命的 LED 灯具,灯具与光源配套生产,保证5年的稳定工作。灯具布置设计满足照度、均匀度的同时,要避免眩光。考虑到当地气候状况,入口段1加强照明选用3000K 低色温 LED 灯。司家寨隧道灯具负载见表3-3-2。

司家寨隧道灯具负载 表3-3-2

	照明长度(m)	LED 灯具	布灯间距(m)	灯具数量(盏)	模拟照度(lx)	照明质量(cd/m^2)	设计要求照明质量
自然光照明段	右洞 $6m^2$ 左洞 $6.5m^2$						
入口段 1	36×2	40W	9	16	1188	79.2	71.5
		150W	1.5	80			
入口段 2	36×2	40W	9	16	59	37.3	35.75
		150W	3	32			
过渡段	72/72	40W	9	32	91	19.4	11.25
		70W	3	64			
中间段	243/270	40W	9	116	61	4.06	2.5
出口段 1	27×2	40W	9	12	78	11.8	7.5
		70W	4.5	12			
出口段 2	36×2	40W	9	16	91	19.4	12.5
		70W	3	32			
照明总长(m)	952	照明总功率(kW)				32.76	

基本照明控制采取24h 开启方式,通过控制亮度百分比输出调节亮度,满足照度要求,保证照度均匀度,达到节能目的。照明控制策略见表3-3-3。如果灯具出现光衰问题,可以

通过增加输出功率来保证照度要求。加强照明控制按洞外照度值,通过回路及百分比输出开启。加强照明的功率占到整个照明负载功率的75%。因此通过合理的控制策略可以大幅降低照明能耗,有效降低多余电费支出。应急照明电源采用EPS紧急电力供给,隧道停电情况下应急照明调整亮度,保证应急照明持续供电。即使控制器故障,也不影响应急照明工作。

司家寨隧道照明控制策略　　表3-3-3

时　间　段	L20(cd/)m²	亮度百分比(%)	开 启 回 路
白天(6:00~19:00)	L20 <100	20	基本照明+应急
	100<L20 < 200	50	基本照明+应急
	200 < L20 < 350	75	基本照明+应急
	350 < L20 < 600	100	基本照明+应急
	600 < L20 < 800	30	基本照明+应急+左侧加强
	800 < L20 <1500	30	基本照明+应急+左,右侧加强
	1500 < L20 < 2000	60	基本照明+应急+左,右侧加强
	2000 < L20	100	基本照明+应急+左,右侧加强
晚上(19:00~6:00)	无车通过	10	基本照明+应急
	有车通过	30	基本照明+应急

②光伏发电系统建设。

完成现场分布式光伏电站安装,并安装太阳辐射监测装置(图3-3-12),实时监测该地区太阳辐射情况。据此计算理论发电量与实际发电量进行对比,确定发电量富裕或是不足。通过不间断监测数据和对比分析,确定贵州地区太阳能资源条件下的系统容量设置,形成应用条件和方法。

图3-3-12　气象观测站

图 3-3-13　司家寨隧道光伏发电系统

按照贵州地区年平均太阳辐射值设计经验,该隧道光伏组件发电装机容量为68.64kWp。光伏组件采用264块260W多晶硅太阳能电池,接受太阳能辐射总面积约为427.7m^2,整个系统转换效率约为75%,采用400V低压并网技术,自发自用,余电上网(图3-3-13)。

根据现场勘测情况,在司家寨隧道出口中间分隔带区域比较开阔平坦,约有8000m^2空地可以利用,满足司家寨隧道光伏基站约2100m^2的占地需求。光伏发电系统选址见图3-3-14。

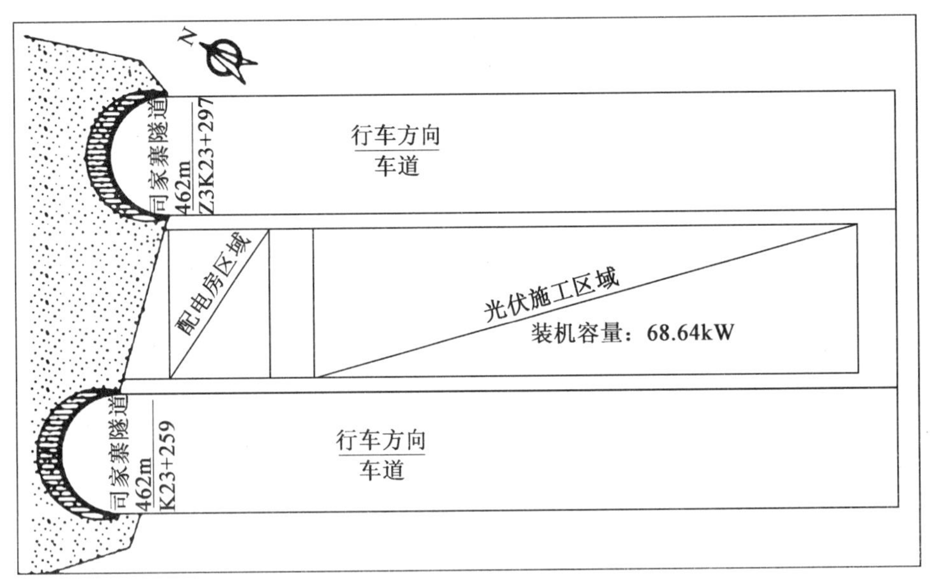

图 3-3-14　司家寨隧道光伏发电系统选址

本项目隧道所处地区在2004~2014年中太阳辐射值如表3-3-4,以此来预测本项目的发电能力。从系统实际发电量与设计理论发电量比较结果(表3-3-5)来看:3月、4月、5月实际发电量与理论发电量基本一致;1月、2月发电量差距较大,据调查是由于2017年元旦系统刚刚投入运行后电网不稳定,线路屡次跳闸所致。项目发电量达到了设计预期,系统运行良好。

盘县2004~2014年太阳辐射值(单位:kWh/m^2/月)　　表3-3-4

	2005	2006	2007	2008	2009	2010	2011	2012	2013	2014	平均值
1月	141.36	139.5	79.67	124	105.71	152.83	71.61	106.64	102.3	136.71	115.94
2月	159.04	107.52	158.76	80.92	169.96	171.64	141.96	127.68	142.8	120.12	138.04
3月	143.53	160.27	150.35	150.97	170.5	176.08	117.18	157.79	155.93	149.42	153.14

续上表

	2005	2006	2007	2008	2009	2010	2011	2012	2013	2014	平均值
4月	162.3	157.8	117.3	159.9	135.6	141.9	139.2	168.3	143.1	153.3	147.9
5月	156.24	129.58	139.81	137.64	131.44	153.76	147.25	131.75	128.96	136.4	139.19
6月	111.9	113.4	130.8	112.8	120.9	92.4	126.9	100.8	127.5	94.2	113.1
7月	136.71	139.5	115.01	126.48	125.55	128.34	142.91	115.63	114.7	122.45	126.79
8月	123.07	139.5	132.37	125.55	132.06	146.01	154.07	144.46	124.31	122.14	134.23
9月	136.2	122.7	123.3	141.3	150.3	121.8	114.9	98.1	118.8	121.5	124.8
10月	117.8	108.19	115.94	117.8	111.6	110.67	101.68	128.03	100.75	113.77	112.53
11月	99.3	131.4	124.8	118.5	140.7	96.6	136.2	139.8	101.7	86.1	117.6
12月	86.49	102.3	114.39	100.44	124	121.52	72.23	121.83	79.05	79.98	100.13
年辐射总量（kW·h/m²）	1574	1551.7	1502.5	1496.3	1618.3	1613.5	1466.1	1540.8	1439.9	1436.1	1523.39

光伏发电系统理论发电量和实际发电量对比　　表 3-3-5

项　目	1月	2月	3月	4月	5月	6月	7月	8月	9月	10月	11月	12月
每月太阳辐射照量（kW·h/m²）	116.0	138.0	153.2	147.8	139.3	113.3	126.7	134.3	124.9	112.6	117.5	100.2
每月计算发电量（kW·h）	5351	6604	7073	6831	6429	5224	5856	6200	5764	5197	5432	4625
2017年月度实际发电量（kW·h）	4480	4893	6917	6705	8398	5613	4945	/	/	/	/	/

③智能照明控制系统建设。

建立照明智能化控制系统，多参数动态控制隧道照明质量。完成照明系统安装，配备隧道照明智能控制柜，实现隧道照明系统的自动化控制。通过智能照明控制器采集隧道环境数据、照明数据、供配电数据、光伏电站数据，进行处理并本地存储；根据照明时间段、亮度变化和车流量，实现隧道照明的时间控制、光通量控制和车流量控制。管理人员通过网络管理系统，根据不同季节和不同照明需求对照明参数进行设置，设置的参数通过服务器，利用 GPRS 无线网络传输至本地照明控制器，本地智能照明控制器根据接收的参数进行控制。智能照明控制系统原理图如图 3-3-15 所示。

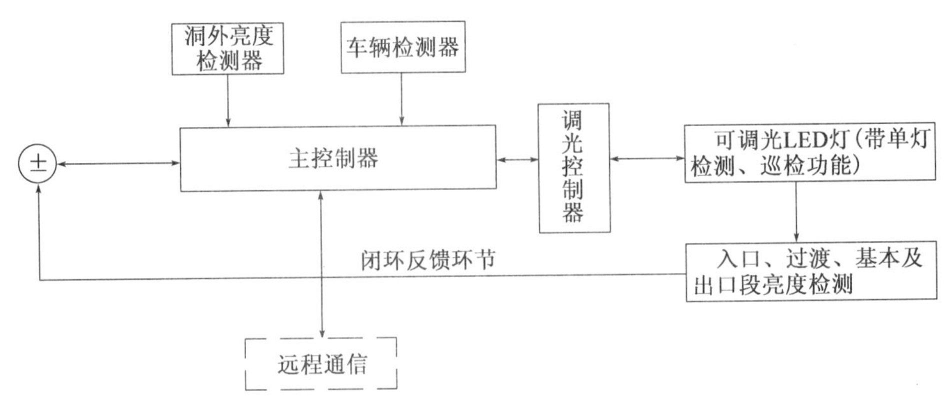

图 3-3-15　智能照明控制系统原理图

④云平台监控系统建设。

建立照明系统的云平台监控系统。通过云平台技术实现隧道机电系统运行状况网络监控和运行数据的网络存储、访问，对光伏发电系统运行状况、隧道照明状况和配电系统状况进行监测，监测数据实现本地存储和网络云平台存储，可通过互联网设备访问监控系统的实时监控数据（图 3-3-16）实现系统运行故障实时报警（图 3-3-17）。

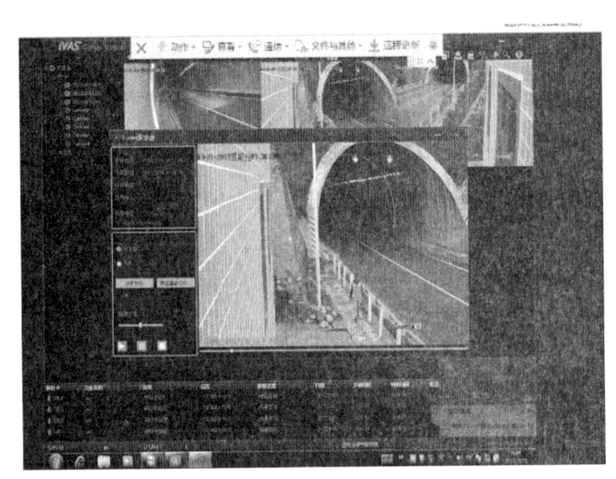

图 3-3-16　监控系统现场监控界面

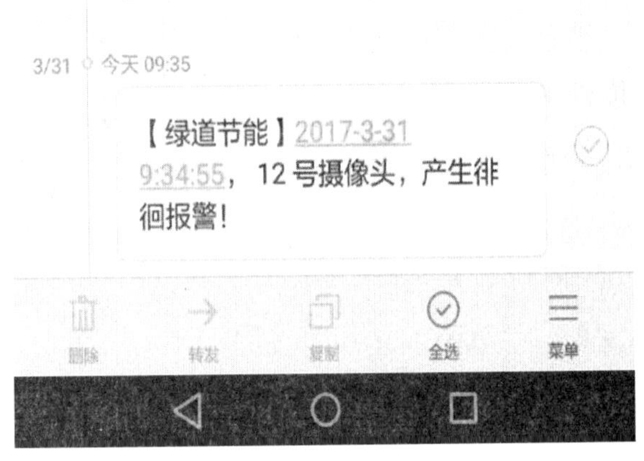

图 3-3-17　报警短信提醒

云平台监控系统远程端登录界面和管理界面分别如图 3-3-18、图 3-3-19 所示。

图 3-3-18　云平台监控系统远程端登录界面

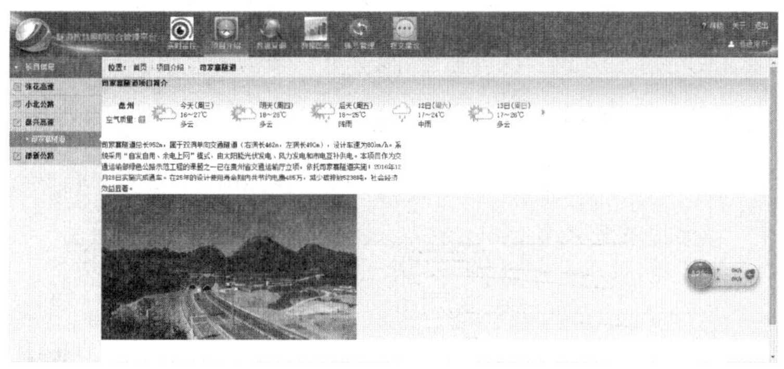

图 3-3-19　云平台监控系统远程端管理界面

3. 效益评价

基于云平台监控的公路隧道光伏智能照明技术的研究成果,可用于高速公路隧道的照明工程建设和改建、干线公路隧道的照明工程建设和改建以及市政通道照明工程的建设和改建等,应用范围广。本技术成果在贵州省盘兴高速公路司家寨隧道中使用,节能效果明显,运维管理简便,得到了业主、监理和业内同行的认可并得到广泛好评。该项技术的应用范围广泛,推广价值可观。

据有关部门统计,到 2015 年底,全国公路隧道为 14006 处、1268.39 万 m;按照标准照明估算,隧道总照明负载约为 115.8 万 kW,年耗电量约为 51.6 亿 kW·h。若全部采用隧道光伏智能照明技术,可节约电费 50% 左右,每年减少用电量约 25.8 亿 kW·h,按照 0.8 元/kW·h 计算,年节约电费 20.64 亿元,经济效益巨大;每年减少二氧化碳排放 278.64 万 t,减少标准煤消耗 103.2 万 t,社会效益巨大。

三、隧道通风智能控制系统

1. 技术概要

通风是隧道运营中的"耗能大户",实施节能通风意义重大。特别是桥隧比高的高速公路,采用先进的隧道节能通风技术是实现低碳的重要措施。隧道通风控制系统是监测隧道内部环境状况、保持良好通风条件、确保隧道安全的重要系统。常规的隧道通风控制系统主要采用实时控制的直接控制法,其不足之处是有较大的时间延迟,控制不及时,静态偏差大,这将造成风机频繁启停,影响风机使用寿命,也不节能。另外,一般的通风设计是按照最不利情况考虑的,而最不利情况出现的概率较小,因此,自适应调节范围较大。

2. 示范工程

云南麻昭高速从隧道通风系统设备选型和通风系统节能控制两方面实施隧道通风节能。在设备选型方面,采用新型的香蕉形射流风机替代传统射流风机,根据理论计算,22kW

香蕉形射流风机可以替代30kW传统射流风机,可以较大降低风机的配置功率。新型的香蕉形射流风机改变了传统射流风机与消音器位于同一轴线上的形式,将风机两端的消音器向下方车道处小角度倾斜(与风机轴线夹角一般不超过7°),减少空气射流与隧道壁面的摩擦损失,从而可以较大提高风机的通风效率。风机安装如图3-3-20所示。

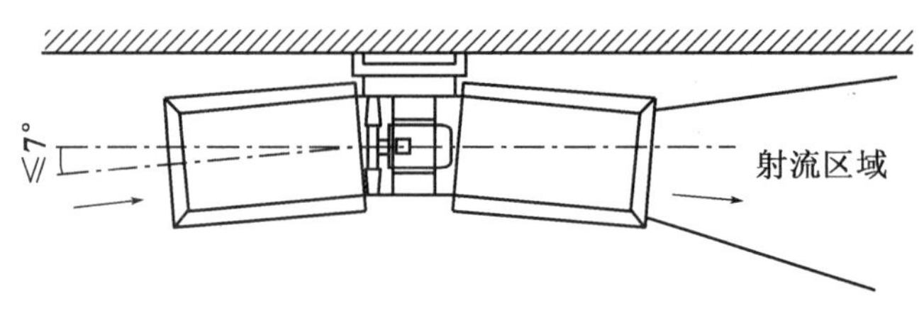

图3-3-20　香蕉形射流风机示意图

在节能控制方面,采用变频控制方式。风机的调节控制在通风节能中很重要,从节能角度考虑,改变通风机的性能曲线比改变管网阻力曲线更经济。在改变风机性能曲线的调节方法中,改变通风机转速是较好的方法,随调速方式的不同,节电率可达20%~30%。变频器调速根据现场检测的信号,及时反馈给中央控制系统,将原来整流过的直流电,通过逆变器改变电源频率输出。同时,根据隧道的需风量控制隧道轴流风机,变频调速控制在满足隧道控制标准的条件下,尽量减少风机开启台数和避免风机频繁启动,延长风机的使用寿命,实现隧道运营通风变频节能。

云南麻昭高速在全线长度超过2000m及单向施工长度在1500m左右的隧道全部应用香蕉形射流风机,共采购204套香蕉形射流风机和222套区域控制器。

3. 效益评价

采用智能通风控制系统,通过计算机、网络、通信及自动化技术,实现对隧道通风、内部环境(一氧化碳等尾气排放)、光线强弱等进行实时监测,以及联动控制和预警。不仅大大降低了管理和运营的人工成本,而且与节能产品(如LED灯)配合实现高效节能。

四、季节性冰冻地区公路沿线附属设施污水处理技术

1. 技术概要

(1)技术原理

①多介质滤池。

多介质生物滤池(图3-3-21)综合了生物降解、吸附和物理化学过程,兼顾活性污泥法、生物膜法和固定化微生物的长处,在高进水负荷下出水稳定,适合处理高氨氮和有机物污水,可减少装置容积,降低工程造价。多介质滤池能够长期维持微生物的数量和多样性,好氧、缺氧、厌氧菌同时存在,同时进行硝化和反硝化过程。多介质滤池是下进水、上出水,污

水通过载体即可消除臭味。这些都是其他生物处理工艺所不具备的。

多介质生物滤池采用了多孔网泡生物载体，载体具有比表面积大，接触均匀、传质速度快、水头损失小等许多突出的优点。载体比表面为 $100m^2/g(35 \times 10^4 m^2/m^3)$，比常规的生物技术的生物量高出 10～20 倍，污水的降解速度非常快，停留时间非常短。载体的开孔分别为大孔、中孔和微孔，大孔保持良好的接触条件和防堵塞能力；中孔隙和微孔用于固定生物酶，中孔和微孔中设计了多种活性基团，可与微生物形成化学键，具有很强的吸附性和固定化性能。生物载体与微生物结合为物理吸附、离子键合、共价结合等几种方式，结合力牢固。载体的平均湿密度为 $1.00g/cm^3$，与水的密度十分接近，在滤池内载体呈悬浮状，不需反冲洗。

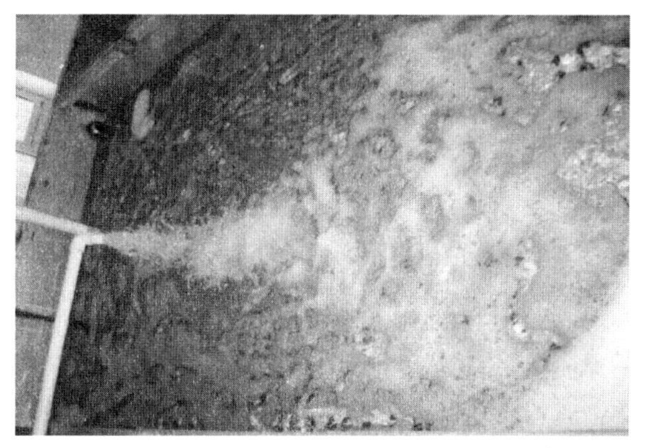

图 3-3-21　多介质滤池设备照片

多介质生物滤池通过投加微生物提高污水处理效率，对难降解有机物、油和氨氮具有极强的降解作用，而且对有机酸、硫化物、脂肪酸、表面活性剂、芳香族化合物、酚类化合物等都具有较好的降解效果，能承受较高的有机负荷，细胞生长快，再生能力强。

②人工湿地。

人工湿地内填多孔球形功能滤料、火山岩、草炭土和钢渣等复合材料，种植高杆美人蕉、鸢尾和菖蒲等植物，主要通过基质吸附、植物吸收和植物根区微生物的氧化，以及特别设计的深层布水、多介质滤料和稻草等反硝化强化功能。

湿地对有机污染物具有较强的去除能力。不溶性有机物通过在湿地基质中的沉积、过滤作用可以很快地被截留，进而被分解或利用，可溶性有机物则通过植物根系生物膜的吸附、吸收及厌氧好氧生物代谢降解过程而被分解去除。

湿地中的硝化反应在好氧环境下由自养型好氧微生物完成，包括两个步骤：第一步由亚硝酸菌将 NH_3-N 转化为亚硝酸盐(NO^{2-})；第二步则由硝酸菌将亚硝酸盐进一步氧化为硝酸盐(NO^{3-})。亚硝酸菌和硝酸菌利用无机碳化合物(如 CO_3^{2-}、HCO_3^-和 CO_2)和人工添加的稻草作碳源，从 NH_3、NH_4^+ 或 NO_2^- 的氧化反应中获取能量。湿地通过兼氧区和深层厌氧区的反硝化过程去除 NO_3-N。反硝化菌在无氧而有 NO_3-N 存在的条件下，利用 NO_3-N 中的氧进行呼吸，氧化分解有机物，将 NO_3-N 还原为 N_2 或 N_2O。

人工湿地对磷的去除是通过微生物的累积、植物的吸收和基质的物理化学作用等协同完成的。磷在湿地系统中的去除主要依赖三个方面的作用：微生物正常的同化或植物的吸收作用；聚磷菌的过量摄磷作用；多介质滤料、钢渣等的物理化学作用。

(2)关键技术或工艺流程

污水生态处理技术的工艺流程为:

①服务区生活污水与餐饮废水经污水收集系统收集后输送至调节沉淀池,经过均质均量后的废水发生物理沉降,进行固液分离,以去除废水中大部分的固体悬浮物,调节沉淀池上清液进入多介质滤池。

②多介质滤池去除大部分有机物、氨氮和石油类。为保证处理效果,多介质生物滤池采用大孔网状载体,并投加定向培育的微生物,生物负载量比常规工艺高 10~20 倍。

③生物滤池出水进入人工湿地,深度脱氮除磷,有效保证出水水质稳定,达到一级排放标准后排放或到达中水回用标准后经次氯酸钠消毒后作为绿化用水。

④人工湿地不产生污泥,多介质滤池产生污泥量很小,仅需 6~12 个月排泥一次,排放的污泥进入排泥池,定期由吸粪车运走处理。

(3)技术特点

①出水的化学需氧量、氨氮、总磷、固体悬浮物、石油类、动植物油等指标稳定达到《污水综合排放标准》(GB 8978)中的一级标准或《城市污水再生利用　城市杂用水水质标准》(GB/T 18920)中的绿化冲厕标准。

②能耗比普通 SBR 或生物接触氧化工艺降低 50% 以上,污泥产生量比普通活性污泥法降低 80% 以上。

③处理成本低于 0.4 元/t。

④该技术配合一定的保温增温措施,可保证冬季处理效果。

⑤管理养护简单,设备故障率低,仅需 2 个月查看 1 次,1 年排泥 1 次。

⑥调试稳定后,不需补加微生物,当设备长期不运转时微生物以孢子形态存在,半年以内均可快速恢复。

(4)技术适用性

适用于地处季冻区的高速公路服务区、收费站、养护工区等公路沿线附属设施及其他行业分散式污水处理及中水回用。

2. 工程示范

在营松高速靖宇服务区建设了多介质滤池污水处理示范工程,正常运转,成功经历了冬季严寒的考验,成为我国季冻区首个服务区污水处理冬季稳定达标样板工程。

3. 效益评价

通过高速公路服务区污水生态处理及回用技术的推广应用,为我国季冻区高速公路沿线附属设施污水处理提供技术指导,最大限度地保护鹤大高速沿线极为敏感的水环境,提高水资源利用效率,该技术的推广有利于提升高速公路整体形象,社会效益显著。

在鹤大高速全线7处服务区建设污水处理及回用工程,可将服务区内产生的全部污水经收集后进行处理后回用(图3-3-22),不产生污染物排放,每年共可处理污水43.8万t,减排化学需氧量共175.2t,氨氮共35.04t。

图3-3-22　出水取样(右为处理出水)

多介质滤池人工湿地集成技术的运行费用按0.2元/t考虑,而常规接触氧化工艺一体化设备水处理成本按1元/t计,则每年节省电费35万元。处理后的污水达到中水回用标准,可用于冲厕及绿化用水,按回用率90%计算,每年可减少39.4万t地下水的开采,相比于采用市政供水,则每年节水费用可达166万元。本技术的推广应用,可以为服务区带来可观的经济效益。

五、分布式智慧供电节能系统

1.技术概要

高速公路众多附属系统中,监控系统和照明系统是必不可少的,它们是保障高速公路正常运营、高效管理的重要辅助系统。为了满足系统内各项设施的正常运行要求,安全、可靠、优质、经济的供电系统尤为重要。分布式智慧节能供电系统是高速公路监控照明系统最佳供电解决方案,是指在公路监控外场设施、道路(隧道)照明等供配电系统中,实施降低线损、无功补偿、照明调压和经济运行等技术实现节能。分布式智慧节能供电系统供电质量稳定、线路压降小、电压稳定,可延长LED灯等设备的使用寿命。分布式智慧节能供电技术保障优质供电的同时,对系统进行功率因数补偿,大大降低系统的无功损耗,提高系统功率因数。

分布式智慧供电节能系统采用三相380V(10kV或6kV可选)输入,通过上端电源柜输出单相3.3kV(660V~10kV可选)电压。通过电缆将电力输送到各用电点。在用电点(一个、多个或串型用电点)再通过下端电源箱将3.3kV电压转变为380V/220V电压向负载供电。分布式智慧节能供电系统方案如图3-3-23所示。

分布式智慧供电节能系统功能主要有上下端电源智能通信和控制(含电力监控功能)、上端电源柜多路输入功能、不间断电源、紧急电力供给电源功能、隔离变压器功能和系统功率因数补偿功能。主要设备包括上端电源柜——智能均衡负载稳压电源,下端电源箱——

分布式智能开关电源和供电电缆。

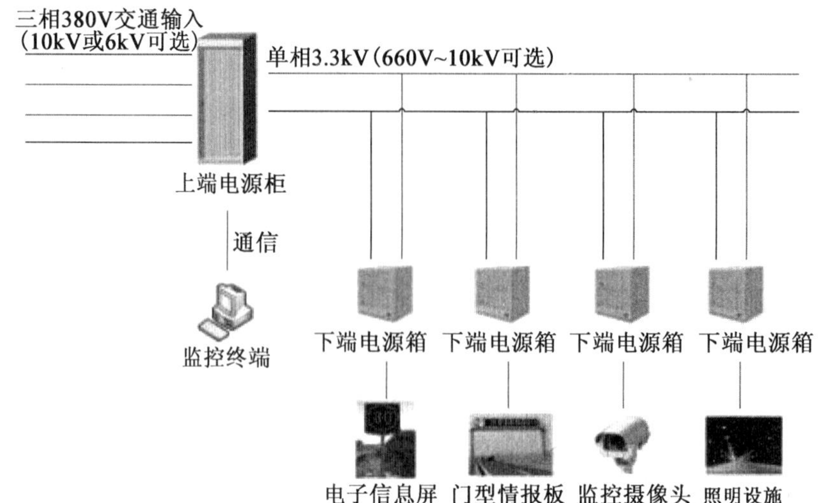

图 3-3-23 分布式智慧节能供电系统方案图

2. 示范工程

云南麻昭高速公路采用智慧供电系统的隧道共有 10 座,采用 140W、100W、60W、50W 四种 LED 灯作为隧道加强照明,单个隧道单个洞加强照明线路的灯具数量及负载如表 3-3-6 所示。

麻昭高速单个隧道单个洞加强照明灯具清单　　表 3-3-6

灯具种类	单灯功率(W)	灯具数量(个)	总功率(W)
加强 1	140	147	20580
加强 2	100	51	5100
加强 3	60	48	2880
加强 4	50	69	3450
合计			32010

由表中可看出,云南麻昭平均每个隧道单洞照明加强段总功率为 32kW,基本与应急照明均采用 50W 的 LED 灯,每公里单洞的基本应急 LED 灯数量为 252 个,则每个隧道单洞基本应急照明的功率为 12.6kW/km。每条隧道中,加强照明的功率是一定的。由此计算,全线采用智慧供电的隧道照明总功率约为 1043.2kW。

3. 效益评价

分布式智慧节能供电系统在降低工程造价的同时,达到了节能减排的效果。相比传统供电方式,可降低供电系统综合造价 10% ~20%,综合节电不低于 20%,降低能耗 20%。

(1)固定节能量

通过测算,使用传统供电方案,10 个隧道每年约使用 913.67 万 kW·h,考虑云南麻昭高速公路隧道内照明回路的开闭，每年照明总耗电量约为600万kW·h。使用分布式智慧节能供电系统，由于提高了功率因数，依据当输送有功功率不变时，功率因数 $\cos\varphi_1$ 从提高到 $\cos\varphi_2$ 时，电力网中各串接元件的有功功率损耗降低百分数 ΔP 计算公式为：

$$\Delta P = \left(1 - \frac{\cos^2\varphi_1}{\cos^2\varphi_2}\right) \times 100\%$$

得出当功率因数从传统供电方式的0.8提升到节能供配电方式的0.95时，照明系统节能量约为600万kW·h × $\Delta P\%$ = 174.5万kW·h，电能折算标准煤系数取值0.33kg ce/kW·h，相当于每年节约标准煤575.85t。

（2）浮动节能量

分布式智慧供配电系统具备调压功能，当与具备调压功能的LED照明灯具配合工作时，由于可调压的LED灯在180～230V工作电压范围内，耗电功率会根据电压变化以相应的比例进行变化。

当可调压LED灯采用180V供电电压工作时，相比于220V的额定电压，其工作功率会下降约10%。因此，本项目采用分布式智慧供电系统的隧道照明系统采用调压的方式进行工作，年节能量为60万kW·h，相当于每年节约标准煤200t。

六、太阳光光纤导入系统

1. 技术概要

太阳光能光纤导入器（系统），是一种通过太阳自动精密跟踪、高科技透镜集光、光纤传导以及安全照具等将阳光传送到缺少阳光的生活空间的产品。它集透镜集光、太阳跟踪、光导传送、安全照具于一体，是将紫、红外线大幅拦截分离的绿色、环保、清洁的新型健康光源。

严格地说，采光和照明是两个不同的概念。采光是指把自然光，尤其是自然界的太阳光采集入室内，即一般所说的自然光照明。它能够解决部分白天照明，但是无法替代照明。所谓的太阳能灯是把太阳光转化为电能再发出的灯光，不再是原来的自然阳光。太阳光光纤导入是一个传导阳光的过程。可有效解决公路隧道及服务区室内的采光难问题，节省了白天室内和隧道的照明用电，是一种绿色照明、生态照明、自然照明、健康照明等理念和谐统一的用电方式，其原理如图3-3-24所示。

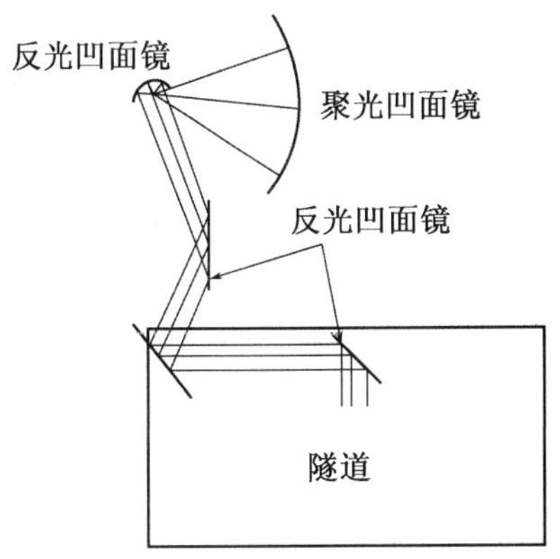

图3-3-24　光纤利用示例图

2. 示范工程

云南麻昭高速公路和贵州盘兴高速公路都应用了此技术。云南麻昭高速公路的太阳光光纤导入照明装置实施范围为北闸隧道(左幅)入口处隧道内照明,照明面积约 $330m^2$。太阳光光纤照明现场施工如图 3-3-25 所示。

图 3-3-25　太阳光光纤照明现场施工照片

3. 效益评价

该技术充分利用天然采光,可以大大节省电能。利用太阳光光纤导入产品,其自动跟踪太阳技术保证了最大限度地利用太阳光光能,大部分晴天每天采集阳光时间长达 10h 以上。100m 以内损耗率很低。一次投资,使用寿命 20 年以上,无须人工维护,没有维护费,微机零部件磨损几乎为零,返修率目前为 0.03%。

七、能耗统计监测系统

1. 技术概要

(1)开展相关研究,建立能源统计监测考核制度

基于能源统计监测相关要求,研究制定能源统计监测考核管理制度,建立完整、统一的能源消耗量统计上报制度。指导各合同标段企业建立能耗统计台账,全面加强能源利用的计量、记录和统计,如实提供天然气、汽油、柴油、燃料油、电力等能源品种消费量的统计资料。加强交通运输企业能源统计与分析,进一步掌握和监测公路全寿命周期内的耗能状况和水平,尤其是做好节能新材料、新工艺使用里程、数量、使用效果方面的统计。统计上报时间分月报、季报和年报。

建立科学有效的能耗统计指标和碳排放监测体系。在建立健全能耗统计指标体系的基础上,通过对各项能耗指标的数据质量实施全面监测,评估各试点项目主体能耗数据质量,客观、公正、科学地评价节能降耗工作进展,全面、真实地反映试点项目的节能降耗进展情况和取得的成效。加强对各项指标数据质量的动态监测,不断完善主要监测指标的核算

机制,不定期对低碳试点项目进行检查和巡查,加强能源计量监督检查,确保各项数据的真实、准确。

(2)开发建立施工和运营期能耗监测管理信息系统

主要从优化施工机械装备、优化工程建设的能源消费结构、研发推广节能减排先进适用技术、完善工程建设节能减排管理体系、加强绿色工程组织、加强工程施工节能减排管理等几个方面着手。

①施工单位、人员及施工机械档案模块。

对参与公路建设工程的施工队伍进行详细登记,调查对施工人员素质、技术力量、质量保证体系以及施工设备、机具等情况;审查分包单位情况调查和资质审查,包括人力、物力、财力和施工能力的调查以及分包合同的审查与管理。建立绿色公路建设工程机械准入机制,限制高能耗、低效率、高排放的机械设备在工程中的使用,无论路基路面或者桥梁隧道,要求所有参建单位的工程机械和产品达到2级以上能效标准,在项目招标阶段设置相应要求。对进场工程材料、成品、半成品及有关设备进行信息登记和检查,对于隐蔽工程检查结果、例行工程质量检查结果进行信息登记。

②工程进度管理模块。

对不同标段的工程进度情况和信息进行收集和更新,通过工程量管理和进度统计、计算,实现工程数量与工程价款的验收和审查。对工程质量事故、变更设计、竣工验收等进行信息登记,对施工机械能耗进行统计。在信息系统中明确节能减排规划和年度计划,加强对公路节能减排技术推广组织和指导。在具体的施工中制定并实施公路建设工程及施工设备的能源消耗定额管理,开展节能考核与奖惩。

③施工能耗监测及管理模块。

建立施工能耗统计报表信息登记制度,分电、油、水三类资源分别统计。通过查询电、水缴费证明和油料的加油票据掌握每类资源的月消耗量。对每台设备建立电子台账,详细记录每台设备的工作台时,根据额定功率计算每台设备的能源消耗。与定额进行比较,掌握能源消耗情况。将施工单位生活用电记录纳入信息系统进行统计,在完成同等工程量的情况下,评比施工单位节约用电优劣。加强对公路施工重点耗能设备用能管理。制定重点耗能设备用能管理制度,加强对装机容量在120kW以上的施工机械、设备的节能减排管理。加强对购置或新造的重点耗能设备进行节能减排技术审查工作,明确提出节能减排要求,对机械设备的技术先进性、能耗水平和经济效益等进行评估并审查。

2. 工程示范

结合盘兴绿色公路项目特点,设计了盘兴绿色公路施工期能耗统计管理信息系统,系统总体架构见图3-3-26,于2016年5月完成软件开发(图3-3-27)。

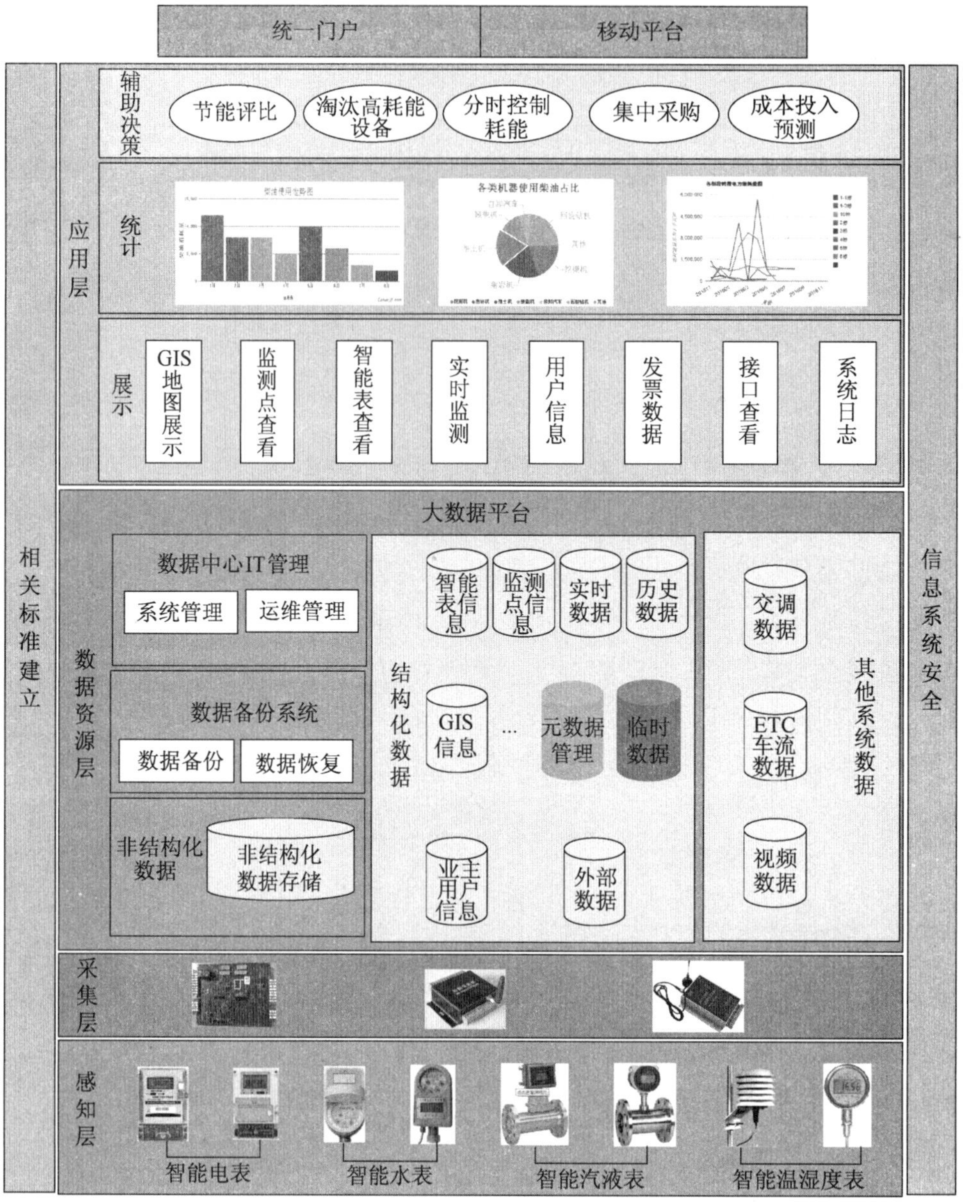

统一门户　移动平台

相关标准建立

应用层
- 辅助决策：节能评比　淘汰高耗能设备　分时控制耗能　集中采购　成本投入预测
- 统计
- 展示：GIS地图展示　监测点查看　智能表查看　实时监测　用户信息　发票数据　接口查看　系统日志

数据资源层
大数据平台
- 数据中心IT管理：系统管理　运维管理
- 数据备份系统：数据备份　数据恢复
- 非结构化数据：非结构化数据存储
- 结构化数据：智能表信息　监测点信息　实时数据　历史数据　GIS信息　…　元数据管理　临时数据　业主用户信息　外部数据
- 其他系统数据：交调数据　ETC车流数据　视频数据

采集层

感知层：智能电表　智能水表　智能汽液表　智能温湿度表

信息系统安全

图 3-3-26　系统总体架构图

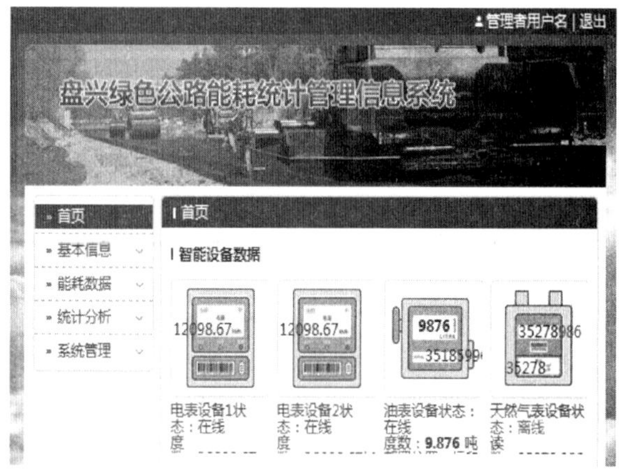

图 3-3-27　系统页面

利用现场安装的能耗统计监测设备,基于开发完成的“盘兴绿色公路能耗统计管理信息系统”,对盘兴高速公路施工期施工用电、施工用油和施工用气等主要能源进行远程在线监测,实现了能耗统计的远程监测、数据上传与信息统计管理(图3-3-28~图3-3-30)。

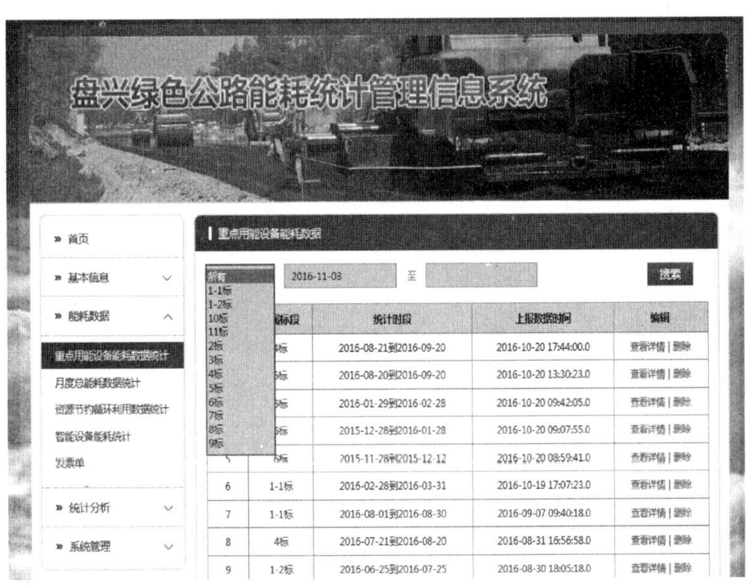

图3-3-28　能耗数据管理图

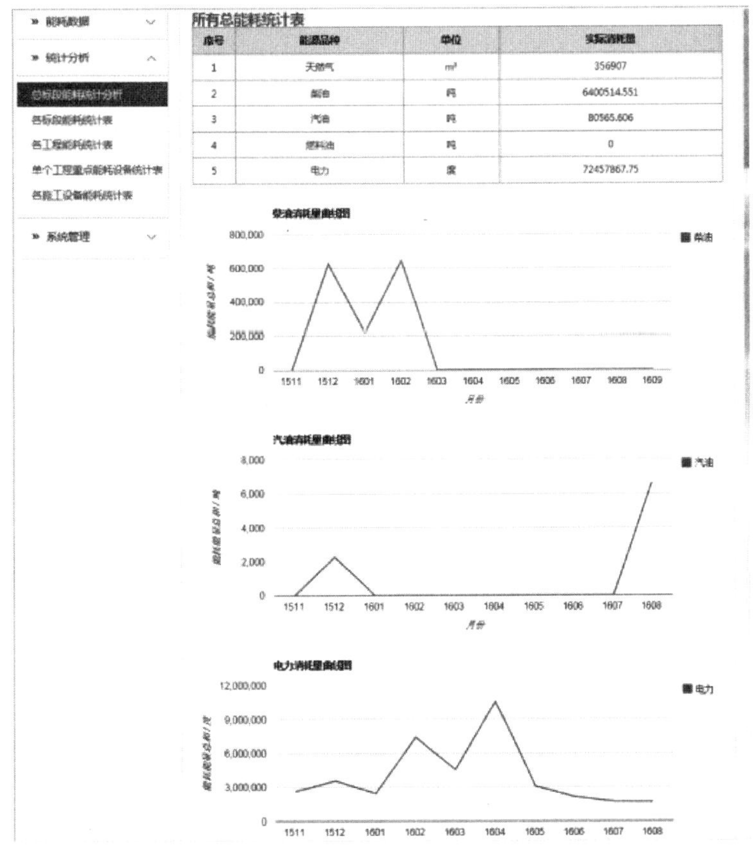

图3-3-29　能耗统计分析图

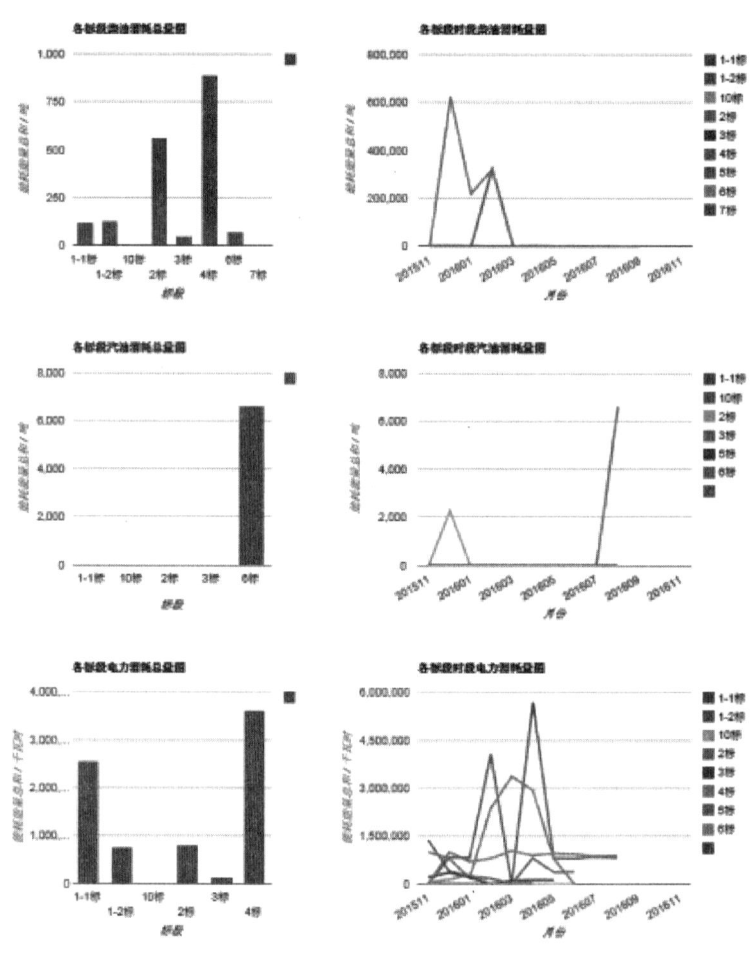

图 3-3-30　各标段能耗统计分析图

3. 效益评价

(1)经济效益

①强化能耗管理,能源利用效率提升,直接经济效益巨大。

根据对高速公路施工成本管理的现状及影响施工成本管理的因素的分析,燃料消耗成本占施工成本 3%。本项目示范应用的贵州盘兴至兴义高速公路是贵州省高速公路网规划中的“二横”的重要组成部分。全长 88.943km,全线采用双向四车道高速公路标准建设,设计时速 80km/h,路基宽度 21.5m。贵州盘兴高速公路于 2014 年 5 月被交通运输部列为绿色公路示范项目。公路施工期能耗统计监测技术作为盘兴绿色公路建设的重点支撑项目,在本公路建设中进行了重点示范和应用。根据《贵州盘兴高速公路创建绿色公路实施方案》,盘兴高速公路按照绿色公路实施方案实施,可实现总节能 5.03 万 t 标准煤,替代燃料油 7.87 万 t 标准油,建设期能耗量下降 45.9%,碳排放量下降 53.9%。

②强化技术应用,实施绿色公路技术做到节能又节钱。

公路在建设中最大限度循环使用材料,对废弃材料再次加工利用,节约工程投资。示范工程大量应用了绿色公路技术，所有施工标段集中供电，相比于柴油发电，不仅清洁、节能，更降低了能源成本。采用自密实混凝土技术，保障施工的过程节能。同时，根据隧道弃渣的构成与施工需求，制成机制砂应用于施工，相比于购买砂石材料，机制砂实现了废物利用，降低了购买与运输建筑材料的成本，经济效益显著。注重耐久性设计，通过公路、桥梁长寿命设计，加强构件的通用性，减少后期维修频率和成本；通过维持较高的服务水平，减少由于维护造成的经济损失。高速公路建设施工中采取众多绿色循环措施，集中供电替代柴油发电，对弃渣、废弃建筑材料二次利用，在节能环保之余，变废为宝，节省成本，经济效益突出。

③强化过程监管，促进公路施工管理和效率有效提升。

公路施工过程管理通过强化管理、加强节能减排监管，实现了挖潜增效。配套出台了《绿色公路建设能耗统计监测管理制度》和《绿色公路施工设备能耗管理办法》，主要内容为：一是管理机制更加健全，按照管理办法成立了绿色公路示范的工作领导小组，并下设节工作办公室，进一步强化了节能减排的管理职责和协调力度；各标段承担企业普遍设立了相应的节能减排工作管理机构或岗位，为做好节能减排工作提供了有力的组织保障；二是深化管理与机制创新，依托能源管理积极推动整体生产效率的提升，实施燃料油、天然气、水泥、沥青等重点材料统一进购，改进行业能源利用水平；三是积极引导树立“规划是龙头、设计是灵魂、施工是关键、监督是保障”的理念，注重合理规划、创新设计、精心施工、严格监管，使低碳发展的方针在交通建设工程实践中得到有效落实。这些工作的开展促进了行业低碳发展的管理体系的完善和能源利用效率的提升。

(2)社会效益

①对公路建设期减少排放具有重大作用。

公路施工期能耗统计监测技术作为盘兴绿色公路建设的重点支撑项目，在建设中进行了重点示范和应用。根据《贵州盘兴高速公路创建绿色公路实施方案》，盘兴高速公路按照绿色公路实施方案实施，将可实现碳排放量下降53.9%，减少二氧化碳排放11.68万t。

②对公路建设生态环境保护效果鲜明。

一是隧道渣利用变废为宝节约用地。本项目具有桥隧比高的特点，将隧道弃渣综合利用，通过实验分析判定隧道弃渣的用途，将可用碎渣尽可能用于路基填方或加工为砂、石等建材，用于本项目其他构造物，尽量减少弃方量以及占地，减轻专用采石场对地表自然环境的破坏，减少了大量临时占地面积。

二是表土利用，水土保持，保护原生植被资源。注重收集、利用表土资源，降低水土流失风险。公路沿线表土不同于土方，是有机物含量丰富的资源，利用分步清表的方式，用于恢复沿线植被、复耕复垦，加快公路沿线绿化进程，使公路沿线生态环境得到最大限度的保护,减少施工对自然环境的侵扰,保护原生植被资源。

三是通过植被固定二氧化碳。项目经过区域通过在公路沿线、中央分隔带、服务区、互通立交等处建立人工林地、植被等方式,建立多元的碳汇生态林地,固定大气中的碳排放,补偿公路建设导致的植被破坏,减轻汽车尾气的大气污染,同时保护流域内的水土。完全建成后,可以形成每年4万t二氧化碳的碳汇能力。

四是隧道洞口零开挖技术的应用。有效地处理了旧路铣刨产生的废料,最大限度地利用资源和保护环境,减少对新砂石材料资源的占用和消耗,减少石料开采对环境、森林植被破坏,减少水土流失。

③利于提升创新水平,发挥绿色交通的引领作用。

项目实施以能耗统计检测信息化管理为抓手,提升施工过程的智能化,推动公路施工过程管理同现代信息技术与服务全面融合。务实创新,提升智慧交通技术水平,发挥绿色交通的引领作用。信息化、智能化水平是衡量交通运输现代化发展水平的重要标志。加快发展智慧交通,是推进交通运输管理创新的重要抓手,是提升交通运输服务水平的有效途径,也是推动交通运输转型发展的重要支撑。

④提升了绿色设计理念,具有良好的示范效益。

通过该技术,形成了较为系统的绿色公路能耗统计监测体系,研发了绿色公路施工期能耗统计管理信息系统,实现了公路施工期能耗统计的远程监测、数据上传与信息管理。依托该系统,对示范公路施工期能耗进行了统计监测与管理,可全面指导示范公路节能减排工作,节约了管理成本,并在一定程度上降低建设成本。

八、公路低碳运营指示系统

1. 技术概要

公路使用中的能耗包括公路运营管理机构为使用者提供正常通行服务所需的公路运营能耗以及使用者在公路上通行产生的能源消耗。要实现公路的低碳运营,一是要降低公路基础设施运行能耗,通过管理、技术手段的应用,实现隧道、服务区、收费站、管理中心、加油站、养护工区、监控设施等的低碳运行;二是要降低车辆运行的能耗,通过加强高速公路的运营管理和信息化服务水平,减少车辆通行油耗和产生的碳排放。因而要建立高速公路低碳运营指示系统,加强公路运营节能减排管理水平和公路绿色循环低碳服务能力。公路低碳运营指示系统由高速公路运营能耗监控管理平台和公路低碳信息发布系统构成。

高速公路正常运营过程中,管理单位通常是依靠人工计算、统计能源消耗数据,这样的数据缺乏准确性和全面性。建立高速公路能耗监控管理平台可以实现远程在线统计各种能源消耗数据,将能源消耗直接核算成为标准煤,用真实、有效的数据反映绿色循环低碳公路的节能效果。高速公路能耗监控管理平台对运营管理中心、监控中心、收费站、隧道、服务区、养护工区等部门的能源消耗进行在线监测和统计,参考交通特点、自然条件等因素制定合理的能源控制策略。运营管理单位可以实时掌握能源消耗的具体情况,统计各能耗单位能耗总量、结构与变动趋势,分析能源成本与总成本的比例关系。公路运营能耗监控管理平台还可以帮助运营单位建立节能减排的相关标准、制度,为节能减排绩效考核与奖惩机制提供可靠的依据。

高速公路运营能耗监控系统,采用电力载波通信技术,利用现有低压电力线进行组网控制,通过电力载波方式将数字信号进行高速传输,系统中受控设备直接与电力载波终端连接,变压器供电范围内的所有电力载波终端控制器通过电力线形成一个分布式网络结构,并与该区域内的电力载波集中控制器进行通信。不同区域的电力载波集中控制器通过局域网形成完整的智能控制系统。电力载波通信技术是用电力线作为数字信号的传输载体,不再需要敷设专用的通信线缆,为工程实施节约大量的通信线缆,电力载波控制设备可以做到即装即用,工期缩短60%,为工程建设节省大量的人力物力。

高速公路运营能耗监控管理平台包括收费站能源管理子系统、服务区能源管理子系统、隧道能源管理子系统、养护能源管理子系统,各子系统按照能源消耗的特点进行能耗统计与控制。

高速公路低碳信息发布系统将运营能耗监控管理系统取得的运营能耗数据结合路况、天气、交通流、养护施工等信息进行分析处理,将分析处理结果有针对性地进行储存、传送和发布。为高速公路管理单位和上级主管部门实时监控公路运营能耗情况,提供管理、决策依据;让高速公路管理人员、工作人员和交通参与者获取低碳公路运行信息,加强交通运输节能减排的宣传效果和绿色循环低碳理念的普及,指导道路使用者提高出行效率,实现运输过程节能低碳。公路低碳信息发布系统包括公路运行能耗发布子系统和公众出行信息服务子系统。

2. 示范工程

盘兴高速属于昭安高速公路的南段,是贵州省西部地区的纵向交通主动脉,是贵州西部及其外联四川、云南、广西的跨省通道骨架网的重要组成部分,以承担区域内交通以及出入境交通为主,交通流量较大,货车占比53%以上,路况复杂。另外,全线桥隧较多,长坡段、变坡点使其行车条件较一般路段要差。公众出行服务系统及低碳运行指示系统包括公众出行服务信息系统和低碳运行指示系统。

公路公众出行服务信息系统面向公路管理者和公众信息服务的实际需求,主要为公众提供高速公路路况、气象、出行指南、服务区信息、路径规划、地图等方面的信息。

低碳运行指示系统主要为高速公路上的驾乘人员提供高速公路上通行车辆的平均时速、低碳车辆合理运行速度、当前高速公路的碳排放总量和断面交通量等低碳信息。

具体实施范围主要包括监控中心、收费站、服务区、隧道管理所以及公路沿线:一是路上信息提示系统,在高速公路出口、隧道入口、服务区、收费广场以及其他特殊路段,设置信息提示设备,在车辆驶入高速公路前进行信息提示,诱导车流,对道路主线交通进行有效诱导;二是道路监控系统,在互通立交、长大隧道、特大桥、长下坡路段附近设置遥控摄像机、微波车辆检测器、门式可变情报板、F 型可变情报板、气象检测器及能见度检测器等设备。

3. 效益评价

实施高速公路公众出行服务系统及低碳运行指示系统,可以有效监控路况,加强对偶发性交通事件事故的检测,及时预告道路交通信息,减少交通拥挤和阻塞,保证服务水平、通行能力,减少车辆延误,减少二次事故的发生。为道路运营管理部门提供网络化管理、全面监控、总体调控的管理平台,为道路使用者提供实时、便捷的道路信息服务。

九、高速公路养护管理智能决策系统

1. 技术概要

从 20 世纪 70 年代开始,国内外科研部门在高速公路养护管理及智能决策系统的研究领域取得了一些技术成果,但受制于数字化的路面检测、采集技术以及软、硬件发展的制约,系统无法满足信息整合以及科学管理的养护管理业务的基本需求,不能满足整合高速公路养护管理信息以及科学管理的目的。公路管理部门提升路网信息智能化管理水平已经成为现阶段重要的工作任务。通过开发基于遥感影像图以及矢量化影像图的地理信息平台,建立养护管理数据与地理位置数据的空间拓扑关系,使养护管理数据查询更加便捷,开展路面状况评价、预测、决策的模型研究,提升管理者的路面养护维修方案与资金利用水平,使养护决策客观、科学。开发从移动手持端至电脑端的跨平台系统,使系统更加符合养护管理工作的实际。

2. 示范工程

该技术已应用于吉林省高速公路网,收集吉林省高速公路路网的基础信息,利用地理信息平台的空间拓扑关系,为数据查询提供了便利,节约了人力资源与资金,更提高了管理与决策效率,为公路养护信息化提供了充足的技术支持。

3. 效益评价

本技术在高速公路路面状况评价、预测、决策等方面具有一定的突破性。高速公路路面性能评价与预测方法配合基于GIS的高速公路路面信息数据库以及配套的移动端数据收集方法，实现了高速公路路面信息的实时更新与演算，减少数据管理、人工采集费用与相应的人力资源。养护管理工作更加科学，养护部门科学合理安排养护维修施工流程，使施工机械、施工材料的安排和采购更加合理，节约大中修养护成本7%，生态环境效益显著。此外，科学合理制定养护维修计划还有利于提高路面使用性能，可实现每车次20%的用户成本节约，同时有效降低交通事故率。本系统的应用为养护工作开启了数字化的管理模式，为路网管理建立了数字化档案馆，为路面性能变化等提供原始数据的积累。

另外，施工时封闭交通对公众出行影响显著，所开发的系统中的施工信息经转化和程序二次开发，与公共导航、出行平台关联，为公众出行提供服务，通过提前预告的方式确保高速公路路况信息的及时告知，保证公众的出行安全。

十、复杂环境下区域公路网应急调度与处置关键技术

1. 技术概要

采用面向区域公路网应急调度与处置的“需求分析—关键技术研究—工程应用”三级思路主线开展研究与实践，构建了完备的区域路网关键路段辨识方法体系；基于开源的大规模中观交通仿真平台，引入并行计算，通过采用三检测器模型和滚动平面法，实现实时数据更新条件下的快速更新推演，节约80%左右运行时间。攻克了区域路网关键路段辨识、交通运行态势推演与预警、应急资源优化配置以及应急调度与处置等四大类关键技术，形成复杂环境下区域公路网应急调度与处置成套关键技术和系统。建立了多目标优化应急处置资源选址模型，构建了应急资源配置随机规划网络图模型，形成了较为完备的应急资源优化配置方法体系。集成开发了区域路网调度与应急处置系统软件，应急调度方案自动生成和评价时间小于5min，全面提升了复杂环境下的区域公路网应急调度和处置水平。项目成果在京津冀区域等公路网应急调度与处置实践中得到了成功应用。

2. 示范工程

项目成果已成功应用于交通运输部公路局、交通运输部路网中心以及北京、天津、河北公路交通管理部门，并在京津冀区域路网调度与应急处置示范工程和全国阻断信息报送系统工程中得到了验证，取得了较好的实施效果。

3. 效益评价

“复杂环境下区域公路网应急调度与处置关键技术及应用”技术成果已在京津冀区域公路网应急调度与处置实践中得到成功应用，显著增强了示范路网应急反应能力和应急处置科学性，项目实施后（2016年）每起阻断事件平均阻断里程、阻断时间较实施前（2010年）

分别降低了39.96%、30.98%,同时大幅减少了应急救援时间和二次事故发生率。此外,项目研发的区域路网关键路段辨识、交通运行态势推演与预警、应急资源优化配置、区域路网应急调度与处置技术等成果已被多家单位转化,应用于技术咨询和工程集成,经济效益显著。

项目成果中区域公路网关键路段辨识、公路交通安全畅通与应急处置数据元等成果已纳入《公路网运行监测与服务暂行技术要求》(交通运输部2012年第3号令)、《公路水路交通安全畅通与应急处置系统重大工程技术要求 第1部分:公路交通安全畅通与应急处置数据元》等行业标准规范,为成果推广应用提供标准规范支撑。此外,项目成果为全国公路出行信息服务网、中国路网微信公众号、中央人民广播电台公路出行服务站等媒体发布区域公路网交通阻断信息、应急预警及诱导疏散信息等提供了信息资源支撑。截至2017年6月,中央人民广播电台已累计播放节目超过12000期,发布相关信息超过60000条,尤其是在重大公路突发事件以及“春运”、重大节假日小客车免费通行等特殊时期,为公路出行服务与应急宣传提供权威、及时、准确的信息,产生了良好的社会反响,社会效益显著。

PART 4 第四篇

案 例 篇

推动绿色公路建设是一项复杂的系统工程，必须坚持全面推进与重点突破相结合、强化顶层设计与摸着石头过河相结合，实践证明试点示范是行之有效的推进方式。近年来，公路行业坚持典型示范引路，大力组织开展节能减排技术示范、绿色公路主题性试点和示范工程，涌现了一批行业示范样板，积累了大量技术和管理经验，为全国范围全面推进绿色公路建设提供可复制、推广的模式。

本篇从交通运输部“十二五”以来开展的绿色公路主题性试点项目和示范工程中选出6个具有代表性的绿色公路试点示范项目予以介绍。

第一章　贵州盘兴高速公路建设绿色公路实践

一、项目概况

1. 工程概况

(1)工程区位概况

贵州省盘兴至兴义高速公路(以下简称盘兴高速)属于昭安高速公路的南段,是贵州省高速公路网规划“6 横 7 纵 8 联”(简称“678”网)中的第七纵。昭安高速公路作为贵州省西部地区的纵向交通主动脉,是贵州西部及其外联四川、云南、广西的跨省通道骨架网的重要组成部分。本项目的建设将加速贯通昭安高速公路,有利于加快贵州省出海通道的建设,对提高滇黔桂省际通道保障能力和完善区域高速公路网络,对实施贵州省西电东送工程、实现全省西部大开发战略目标都具有十分重要的意义。

路线区域纵贯六盘水市和黔西南州,贯穿毕水兴能源资源富集核心区,是黔、桂、滇三省毗邻地区的商业集散地和通衢要塞,也是旅游资源富集地区。区内公路基础设施相对落后,经济无法得到快速的发展,并且沿线贫困人口较多;有近 40% 的居民是少数民族,是一个多民族聚居地区。本项目的实施有利于区域经济社会的快速发展,有利于民族团结,是贵州省实施脱贫致富战略的重点。

(2)工程基本情况

盘兴高速公路为新建工程,路线位于六盘水市和黔西南州。主线起于沪昆高速盘县的海铺,终于汕昆高速的兴义东互通,主线路线全长为 86.935km。本项目共建设二条连接线,分别为保田连接线(长 3.489km)和品甸连接线(长 3.177 km),项目总投资约 117.6 亿元。项目于 2015 年 4 月开工建设,2016 年 12 月底建成通车竣工。

项目采用 BOT + EPC 建设模式,由贵州盘兴高速公路有限公司负责项目的投资、建设和运营管理。

(3)技术标准及工程规模

本公路主线按双向四车道高速公路标准建设,设计车速为 80km/h。整幅路基宽 24.5m,分幅路基宽 12.25m。桥涵设计汽车荷载采用公路—Ⅰ级,其他技术指标按《公路工程技术标准》(JTG B01—2003)规定执行,设计建筑限界按现行标准执行。路面采用沥青混凝土路面设计。

项目全线共设置桥梁25737.22m/54座,其中:特大桥9776.2m/8座、大桥15472.6m/37座、中桥448.42m/9座;隧道15298m/13座(其中:特长隧道7461m/2座、长隧道3883m/3座、中隧道1548.5m/2座、短隧道2405.5m/6座);互通立交8处,分离式立交22处,涵洞116道,通道74处;路段管理中心1处;服务区3处;匝道收费站8处。

2. 工程特点

①地处高原山区,桥隧比高且长陡纵坡多,工程施工难度较大。

拟建公路路线走廊带均位于高原山区(图4-1-1),地势总体北高南低,最高海拔高程2260m,最低高程970m,地面高程一般在1100~1800m之间。沿线中低山、丘陵区(K0~K45)地形起伏大,海拔高程1600~2260m,相对高差50~500m。全线桥隧比为46%,其中,K17+200~K46+200段桥隧占比达63.36%。

图4-1-1 盘兴高速公路自然条件

②地质复杂,喀斯特地貌突出,工程安全风险较大。

拟建公路路线区域地质构造复杂,由一系列褶皱和断裂组成,属于新构造运动较活跃区。区域性活动断裂构造较多,路线与9条断裂构造正交或斜交,断裂构造附近岩层比较破碎及零乱,且岩溶发育典型、喀斯特地貌十分突出,有溶洞出露,可溶性岩体内往往隐藏着许多溶蚀空洞与孔隙,如遇溶洞可能发生塌陷、渗漏和涌水等现象,工程安全风险较大。

③区域生态环境脆弱敏感,石漠化严重,工程环保任务较重。

贵州省地处我国长江、珠江生态屏障区,生态环境保护与建设要求很高,国务院发布的《全国主体功能区规划》指出,对于该区域重点要"强化石漠化治理和大江大河防护林建设,推进乌江流域水环境综合治理,保护长江上游重要河段水生态及红枫湖等重要水源地,构建长江和珠江上游地区生态屏障"。

拟建公路所经路段石漠化严重,生态环境极其脆弱,石漠化问题已成为制约和束缚该地区经济可持续发展的关键问题之一。另外,拟建公路沿线经过盘县古银杏风景名胜区、大洞竹海风景名胜区以及兴义的国家级风景名胜区——马岭河峡谷。公路路线有10km的路段穿越马岭河峡谷——万峰湖风景名胜区外围保护区，不可避免地会对当地的生态植被造成一定的破坏；还有5.9km位于木浪河水库集中式饮用水源保护区准保护区，水源质量直接影响到农田灌溉、兴义市城区生活供水。这些生态环境敏感区对工程施工管理、环保技术使用、施工期选择等提出了更高的要求，加重了工程的环保任务。

④穿越煤带，压覆矿产资源路线较多。

拟建公路沿线矿产资源非常丰富，路线区域需穿过三条东北～西南走向的煤带，共压覆黎明～金佳煤田、水塘煤田的黑皮凹煤矿、雨格和玛依西煤田等矿区矿藏11.6km，压覆保田青山区煤气试开采区共计约19km，沿途涉及矿权共计49个，包括：采矿权28个，探矿权9个，国家矿产地9个，整装勘查区3个。

二、建设理念

1. 总体思路

结合盘兴高速公路的总体目标和基本定位，根据绿色公路的概念与内涵，将绿色低碳理念贯穿于规划、设计、施工、运营、养护等整个生命周期内。深入分析本项目工程特点，充分挖掘节能减排、资源循环利用及绿色环保三个方面内容，开展绿色公路试点，具体思路如下：

(1)绿色低碳理念贯穿于公路建设的整个生命周期

①公路规划与设计。

将全寿命周期理念贯穿于公路规划设计始终，以高标准、求真务实的规划设计统领绿色公路建设的整个过程，将资源循环利用、节能减排、绿色环保、经济节约的长寿命设计落实于公路建设的各个环节。在满足公路基本功能要求的前提下，选择合理的技术指标，在线路选择上本着地质选线、地形选线、环保选线、低碳节约选线的原则，合理选线，充分利用线路资源，确定路线的优化方案，尽量避免因为项目衔接不合理造成资源浪费。

②公路建设与施工。

在公路施工建设阶段贯彻低碳新理念，采用新材料、新方法、新工艺达到在资源、能源、材料的占用和使用方面降低消耗数量、调整消耗结构、提高使用效率，减少对碳吸收生态系统破坏，降低二氧化碳排放量的目标。

③公路运营与维护。

在公路运营与维护阶段贯穿绿色低碳理念。具体包括：加强公路运营节能措施，提高可再生能源利用比例；大力发展智能交通系统，保证安全畅通降低道路使用者能耗；注重公路绿化与景观，加大生态环保措施；建立运营、养护管理机制。

(2)根据项目特点针对性地开展工程示范,突出绿色公路项目特色

①针对西南土石山区特点,充分发挥节能减排潜力。

贵州省山高谷深,是全国唯一没有平原支撑的省份,山区环境特点决定了公路桥隧比高,建设期间耗能大;全线共有隧道15298m/13座,桥梁25737.22m/54座,服务区3处,收费站8处,建设与运营期间消耗大量能源。

针对山区高速公路建设耗能大,统筹考虑施工期和运营期电力供应的需要,提前布设电网,采用施工区集中供电方式,降低建设期能耗;拌和站全部采用油改气,增大标油替代量,减少污染物排放;隧道采用LED灯、通风智能控制系统,附属设施房建照明全部采用LED灯,减少运营能耗,充分体现节能优先的项目特色。

②针对西南喀斯特山区气候及地质条件特点,采用安全耐久技术。

盘兴高速公路位于六盘水市和黔西南州境内,暴雨、冰雹、秋绵雨、霜冻和凝冻等灾害天气较多,路面凝冻损害问题突出;同时,西南土石山区的喀斯特典型地貌,存在岩溶、崩塌危岩体、顺层、软土等多种恶劣地址情况,公路建设硬路基与软路基交互铺筑,桥隧路基过渡频繁,路基路面损害考验严峻;另外,盘兴高速是贵州西部及其外联四川、云南、广西的跨省通道骨架网的重要组成部分,是贵州省西部地区的纵向交通主动脉,线路贯穿毕水兴能源资源富集核心区,是黔、桂、滇三省毗邻地区的商业集散地和通衢要塞,昼夜交通量大,货物运输比例大,因此对工程的安全耐久性要求高。

针对以上客观条件,实施高性能机制砂加工利用、耐久性路面、高性能混凝土、块片石自密实混凝土等专项工程,体现全寿命周期能耗的理念,突出安全耐久的项目特色。

③针对石漠化现象较为严重的地貌条件特点,注重生态环境保护、资源节约。

项目线路所经区域地质条件复杂,石漠化现象较为严重,石漠化问题已成为制约和束缚该地区经济可持续发展的关键问题之一。该区域土壤稀薄、土地资源极其珍贵,公路建设占用的大量土地对区域社会影响巨大,项目建设管理节地、复垦成效具有良好的经济与社会效益。

针对以上客观条件,项目实施表土资源收集利用,实现取弃土场的有效复垦及生态恢复。另外,结合本项目隧道弃渣量大的特点,弃渣分级筛选尽量利用,减少占用耕地,突出生态环境保护、资源节约的项目特色。

④针对生态环境敏感脆弱区域生态特点,高标准实施水资源保护项目。

贵州省是我国长江、珠江上游生态屏障区,本项目经过或毗邻木浪河水库水源保护区、马岭河峡谷—万峰湖风景名胜区、贵州兴义国家地质公园,生态环境敏感脆弱,其环境保护状况直接关系到贵州生态屏障区的保护成效。

针对沿线环境敏感的特点,实施全线服务区污水处理与回用;实施典型路段路面径流处理,保护饮用水源地水体安全;加强碳汇植被建设,突出绿色环保的项目特色。

⑤针对穿越煤系地层特殊地质条件,隧道施工采用节能降耗新型施工工艺。

贵州是我国南方产煤大省,煤系地层分布广泛,随着西部高速公路建设的快速发展,大量公路隧道将不可避免地穿越煤系地层。煤系地层是隧道建设中的不良地质现象,直接关系到隧道施工及营运的安全。围岩级别多为Ⅳ～Ⅵ级软弱破碎岩体,实际工程中除了面临防突、防瓦斯等安全问题,还面临大变形、塌方及冒顶等难题,施工风险高,难度大。

针对本项目部分路段穿越煤系地层特殊地质条件,该路段隧道采用煤系地层大断面公路隧道铣挖与爆破联合施工技术施工,突出创新性特色。

2. 建设目标

体现贵州地域绿色公路特色,以绿色循环低碳为理念,全过程采用绿色循环低碳技术,全寿命实现绿色循环低碳效益,全方位进行绿色低碳管理,全面展示绿色低碳成果,通过一大批节能减排技术、设备、系统的应用,到2016年底基本建成一条“绿色、安全、生态环保、景色优美”的绿色公路。

通过盘兴绿色公路建设,高速公路节能减排能耗统计监测管理体系基本建立,形成一套较为完整的绿色循环低碳管理规范与制度体系,绿色循环低碳管理能力明显提升,信息化管理水平显著提高,绿色低碳管理、生产、消费理念得到宣传和深化。总结出一套可操作性强、建设模式新颖、技术创新程度高的绿色公路建设模式或技术,以指导贵州省乃至全国的公路建设,实现公路建设绿色低碳节能减排体系化和规模化,为我国全面建设绿色循环低碳交通运输体系打好基础、争创示范。

三、建设实践

1. 注重绿色低碳规划设计

项目在规划设计阶段深入贯彻绿色低碳和环保节约的理念,具体包括以下几个方面。

(1)科学规划,合理选线

规划设计是绿色公路建设的基础,它制约着建设、运营、管理的各个阶段对资源、能源、材料的占用和使用,制约着各阶段对降低消耗数量、调整消耗结构、提高使用效率,减少对碳吸收生态系统破坏,降低二氧化碳排放量的目标的实现。本项目从规划阶段就深入贯彻全生命周期的理念,规划的走廊带结合区域发展情况,准确把握技术标准,合理运用技术指标,严格控制建设规模,运用先进的测设技术和方法,认真勘察,科学比选,精心设计,争取把本项目建成具有鲜明特色的“安全舒适、节约和谐、环境友好、景观优美”的精品工程。

项目在公路选线上,坚持地质选线,降低施工难度,实现合理控制工程量与降低施工能耗的统一;坚持地形选线,促进路线布设与地形相协调,实现行车舒适与运营节能的统一;

贯彻环保选线理念,减少高填深挖降低边坡高度,实现绿色环保效益与经济效益的统一;贯彻节地性选线理念,最大限度节约用地,降低施工对公众影响;贯彻节能性选线理念,充分利用自然光、自然通风等条件,降低运营期照明、通风能耗要求;贯彻节材性选线理念,充分利用地形,减少桥梁的设置,最大限度地减少材料的消耗。

(2)注重环保设计

根据沿线社会环境和自然环境的具体情况,采用"高度重视、全面细致、经济适用、便于养管"的环保设计思路,在实际设计过程中把环保因素放在特别突出位置加以考虑,将环保理念贯彻于主体工程设计的全过程。从路线线位布置到桥梁、隧道方案的选择,均充分考虑环境景观的要求,将沿线景观视线及范围作为一个完整的景观体系,以生态绿化为背景、以视觉景观为主导,形成"点、线、面"结合的链状景观体系,注重生态环境的保护、恢复和利用,注重沿线历史文化内涵的挖掘与展示,力争将本项目建设成为环保型、生态型样板工程,促进社会经济的可持续发展。

(3)注重节地设计

本项目在主体设计中,在满足技术标准的前提下,主要通过路线方案比选优化和路基改桥梁优化进行节地设计。

①通过路线方案比选进行线路优化节约用地。

通过不同路段选取不同的路线方案进行比选,并结合地质和其他环境条件,选取优化路线,以节约用地。

本项目起点至水塘段,比选 A 方案(AK0 +000 ~ AK23 +787.506)永久占地 104.16 万 m^2,推荐 K 线方案(K0 +000 ~ K18 +500)永久占地 98.6 万 m^2,采用推荐 K 线方案较比选 A 线方案节约土地 5.56 万 m^2;水塘至保田段,比选 D + B 线方案(DK20 +692.778 ~ DK64 +175.201,BK54 +400 ~ BK69 +202)永久占地 278.6 万 m^2,推荐 C + K 线方案(CK13 +210 ~ CK17 +605,K18 +500 ~ K69 +000)永久占地 263 万 m^2,采用推荐 C + K 线方案较比选 D + B 线方案节约土地 15 万 m^2。通过对上述两路段进行路线优化,共节约土地 20.9 万m^2。

②通过路基改桥梁优化设计节约用地。

高路堤土石方工程量大、施工周期长、占地多、技术要求高、工后出现病害的风险较大。目前山区高速公路上已修筑的一些高路堤,常出现沉降及不均匀沉降引起的路基病害,造成路面过早破坏,影响正常交通运输和行车舒适安全。为进一步减少工程占地,在充分考虑工期、水土保持、环境保护、工程造价等各方面的基础上,对主线 K10 +800 ~ K11 +300、K17 +975 ~ K18 +125 两段路基方案进行了路基改桥梁优化设计。通过与原路基方案对比,采用桥梁方案,K10 +800 ~ K11 +300 段可节约土地 3.13 万 m^2,K17 +975 ~ K18 +125

段可节约土地1.51万m^2，两段共可节约土地4.65万m^2。

2.秉承绿色循环低碳建设理念

为充分体现贵州地域绿色公路特色，盘兴高速公路自建设伊始就秉承绿色循环低碳理念，全过程采用绿色循环低碳技术，全寿命实现绿色循环低碳效益，全方位进行绿色低碳管理，全面展示绿色低碳成果，通过一大批节能减排技术、设备、系统的应用，建成一条绿色安全、生态环保、景色优美的绿色公路，并于2015年4月被交通运输部列为“绿色公路主题性项目”。

按照资源节约、生态环保、节能高效、服务提升的总体建设理念，盘兴高速公路实践主要体现在以下几方面：

①统筹资源利用。建设期间，以保证路面施工通道的畅通为主要目标，采用倒排方式统筹编制进度计划，将施工各个标段的能耗降至最低。最显著的例子是把K50+600新格隧道改为入堑挖方，利用挖方节约地采80万m^3，既减少开采山体的破坏，降低能耗，又缩短运距降低隧道运营期养护管理的能耗，实现公路服务质量与效益的双赢。

②最小破坏，最大恢复。通过路基改桥梁、隧道零开挖进洞、改变成排开挖方式等，最大限度减少占地或山体破坏，保护原生植被，对水系的影响最小，使公路具有良好的环境协调性，还能缩短工期、节约投资，保证建设期和营运期的安全。减少养护成本，降低寿命周期内的资源消耗，提高效能。

③着眼周期成本、建养并重。全面提升沥青中高温抗车辙和抗水损害性能，保证盘兴高速沥青路面的长寿耐久，降低后期养护成本及能耗，考虑到复杂地质边坡自稳能力极差，采用削坡减载自稳方式，大幅降低运营的安全隐患，且养护费用低，同时环境协调，视线通透，行车舒适。

④贯彻绿色服务区理念。通过深入调研，将服务区数量从4个优化为3个。并且将丹霞服务区移位，使公路使用者在休憩时可远看丹霞山和下平川峡谷，体验公路与环境的协调。保田服务区为半开放式服务区，连接盘南工业区，实现服务区外的人群在服务区内消费。

3.科学配套保障措施

(1)组织机构

为切实保障盘兴高速公路创建绿色公路试点工作的顺利开展与组织实施，由省级交通运输主管部门、项目实施主体组成两级管理机构，由专家顾问组和技术支持单位提供技术咨询。

(2)监督管理

出台标准规范，落实目标责任。制定并严格落实绿色公路节能减排标准规范，对工作成效突出的实施单位给予表彰和奖励，对工作推进缓慢的及时进行督导。制定具体推进计划，将项目各项指标和重点任务逐级分解落实,明确各有关部门的责任,由各主管部门主要领导负总责,实行严格的问责制。

(3)宣传培训

深入开展宣传培训。注重宣传引导,广泛、深入、持久地开展形式多样的绿色公路宣传;加强教育培训,组织开展经常性的节能减排培训教育、技术和经验交流工作;加强人才队伍建设,开展形式多样、内容丰富的专项培训、技术和经验交流;深化对外合作交流,促进先进技术推广和经验交流。

四、建设成效

盘兴高速公路(图4-1-2)通过全寿命周期绿色公路建设,形成了一套较为完整的绿色公路建设管理规范与制度体系;总结出了一套可操作性强、技术创新程度高、建设模式新颖的绿色公路建设模式。通过主题性示范项目建设,盘兴高速公路在绿色低碳建设方面取得了丰硕成果,在节能减排、生态环保、科研成果等方面产生了巨大效益。经核算,盘兴高速公路建设共节约能源5.13万t标准煤,替代2.97万t标准油,减少二氧化碳排放11.6万t;建设期间,共利用弃渣328万m^3,利用表土资源67.3万m^3,节约用水60.45万m^3,节约占地约50万m^2。

a)三冒山大桥

b)泥溪特大桥

c)酸枣大桥

d)K61+640~K64+600段

图 4-1-2

e)下保田大桥

f)盘县互通

图 4-1-2　贵州盘兴高速公路建成通车后照片

第二章　吉林鹤大高速公路建设绿色公路实践

一、项目概况

1. 项目简介

G11 鹤(岗)大(连)高速公路为国家高速公路网规划、东北区域骨架网中的纵一线，起于黑龙江省的鹤岗市，止于辽宁省大连市，纵贯黑龙江、吉林、辽宁三省，主要承担区域间、省际以及大中城市间的中长距离运输，是区域内外联系的主动脉。它的建设将开辟黑龙江和吉林两省进关达海的一条南北快速通道，扩大丹东港、大连港的影响区域，同时也是东部边疆地区国防建设的重要通道。

2013 年 5 月，交通运输部印发了《加快推进绿色循环低碳发展指导意见》。吉林省交通运输厅第一时间响应意见要求，围绕“抗冻耐久、生态环保、循环利用、低碳节能”的理念，集全厅之力，申报了交通运输部资源节约循环利用科技示范工程，并于 2013 年 8 月获得批复，开展了 7 个专项、22 个子项的科技示范工程，开启了吉林省在绿色公路转型发展方面的深层次探索和实践，倾力打造季冻区高速公路建设科技创新与应用的“范本”和交通行业绿色、循环、低碳发展的“标本”，全力推动“四个交通”发展，服务老工业基地振兴。

2. 工程概况

鹤大高速公路吉林省境内段全长 339.429km，其中小沟岭至抚松段长 232.262km、靖宇至通化段长 107.168km，项目设计批复总概算 250.30 亿元，平均每千米造价 7374 万元。2013 年 9 月项目开工，2016 年 10 月建成通车，建设工期 4 年。鹤大高速公路全线按双向四车道高速公路标准建设，设计行车速度 80km/h，路基宽度 24.5m。全线共设置特大桥 5380m/4 座，大桥 33754m/90 座，中小桥 2502m /40 座，涵洞 497 道，隧道 30802m/18 座，互通立交 15 处、分离立交 23 处，通道 164 处，天桥 31 座，服务区 7 处，连接线 43.832km。

3. 工程特点

作为我国公路交通建设领域首个季冻区新建公路科技示范工程，鹤大高速公路具有以下典型工程特点。

①抗冻耐久特点。地处季节性冰冻地区,年极端最低气温零下41.9℃,最大积雪深度46cm,山间苔地和湿地分布广泛,特殊的气候和水文地质条件使得这一地区公路工程极易因冰冻产生严重破坏,引起路基冻胀变形,路面冻胀隆起、低温开裂,桥涵、隧道混凝土冻融破坏,结构耐久性降低等问题,公路工程抗冻耐久需求突出。

②生态环保特点。路线贯穿长白山腹地,沿线生态环境敏感,共经过7处自然保护区和水源保护地,跨越25处敏感水体河流,涉及湿地路段共40km;同时,沿线地域文化资源独特,长白山、敦化古渤海国、满清皇室发祥地、靖宇红色旅游及朝鲜族民俗文化等得天独厚的地域文化交汇融合,建设中生态环保及人为资源保护问题突出。

③节能节材特点。项目地处山区,建设里程长,建筑材料需求量大,运输成本高。公路沿线火山灰、硅藻土等材料资源丰富,隧道弃渣、尾矿等可利用废旧材料多,资源循环利用空间大,公路建设因地制宜合理利用废旧材料需求大。

④节能降耗特点。全线共设服务区7处、收费站14处、隧道18座,特大桥、大桥91座,照明、通风、采暖等能耗高,仅照明一项年耗电将达1000万kW·h以上,节能降耗需求突出。

二、建设理念

1.总体思路

鹤大高速公路科技示范工程实施主要是针对工程所处的特殊冰冻气候特点、筑路资源短缺形势、节能减排任务重及生态环保要求高的特点,在公路工程设计、施工、运营全过程集成应用了全国交通行业多年科技创新技术,开展公路工程抗冻耐久关键技术、地产材料资源升级利用技术、废旧材料资源循环利用技术以及生态环境保护和低碳节能技术等全方位的科技攻关与集成创新,取得了一系列创新成果。为实用成果规模化应用和行业转型升级提供技术支撑。

2.建设目标

鹤大高速公路建设以提高工程质量和服务水平为核心,落实国家"生态文明建设"和交通运输行业"绿色、循环、低碳"发展要求,建设"技术先进、资源节约、抗冻耐久、生态环保"的现代化高速公路,确保实现路与自然环境的和谐、路与社会环境的和谐,实现建设过程的低碳节约、运营过程的节能高效。

依托科技示范工程的实施,推广应用成熟的技术成果,结合相关问题开展科技创新,形成系列标准和工法,解决公路建设过程中的复杂工程问题,提升工程建设项目的科技含量和技术水平,实现"抗冻耐久、资源节约、低碳节能、生态环保"的建设目标,对吉林省高速公路建设起到示范和引领作用,对全国季冻区高速公路的建设起到示范和带动作用,为以"三低三高(低能耗、低排放、低污染、高效能、高效率、高效益)”“一耐久(抗冻耐久)”为特征的绿色基础设施体系的建设提供有效的技术支撑,为美丽中国和生态文明建设提供支撑保障。

3. 设计理念

鹤大高速勘察设计以“安全路、快捷路、环保路、生态路、景观路”为主题,以交通部“六个坚持、六个树立”的公路勘察设计新理念和典型示范工程要点为指导,本着打造“特色路、精品路”的总体思想,力争将本项目建设成为吉林省东部“生态景观大通道”。针对以上设计定位,结合工程,主要设计理念如下:

①对路线进行多方案比选,确保工程方案最优,路线遵从“适应地形,顺势而行”的原则,避免高填深挖。根据不同的地形条件,灵活运用技术指标,灵活采用路基断面形式。

②采取有效措施,美化环境,融入自然,横断面等几何形状以曲线为主,边坡坡率能缓则缓,采用贴近自然的缓边坡及圆滑坡面,利于恢复植被,掩盖施工痕迹。

③综合考虑建设、养护、维修成本,采用长寿命路面结构形式。

④在桥涵构造物结构形式选择上,注意与环境相协调,充分考虑美学效果,对适合修建大跨径桥梁的路段,选择景观效果好、跨径大的桥梁结构形式。

⑤交通工程及沿线设施的设置既要保证道路运营初期的基本服务水平,又要保证交通远景发展需要,从实际出发,采取分期实施方案,减少初期工程投资。

⑥将服务区、观景台位置的选择与沿线自然环境、风景区、人文景观以及山水结合起来。在满足功能的前提下,采用灵活多样的布置方式。

⑦注重环保绿化设计,注重对水环境、动植物生态系统的保护。在排水及防护上优先采用接近自然的方式和植物防护形式,尽量不采用生硬的棱角和生硬的圬工防护形式,将人工痕迹降至最低。

⑧注重景观设计,体现公路与当地旅游资源、风土人情、地域文化的融合,注重公路沿线文化底蕴的挖掘,重视对沿线自然景观的保护。

三、建设实践

1. 专项设计

①路基工程设计遵循因地制宜、就地取材、以防为主、防治结合、安全经济、造型美观、顺应自然、与环境景观相协调的设计思想。开展了弃渣填石路基设计,路基填料主要利用路堑挖方及隧道出渣,共计推广利用石方填筑 1816 万 m^3,节约投资约 5.8 亿元。

②针对季冻区路基典型病害及长白山区山间湿地分布广的特点,开展了生态环境敏感

脆弱地区湿地路基专项设计（图4-2-1），在11km湿地路段采用隧道弃渣填筑上、下路床，CFG桩处理湿地路基，渗盲沟与波纹钢管涵组合结构保证水系连通等技术，不仅提高了路基的冰冻稳定性，而且保护了湿地及路域范围内红松和白桦等植被。通过开展专项研究及示范工程实施及监测，提出了基于湿地保护的路基抗冻耐久修筑关键技术。

a)

b)

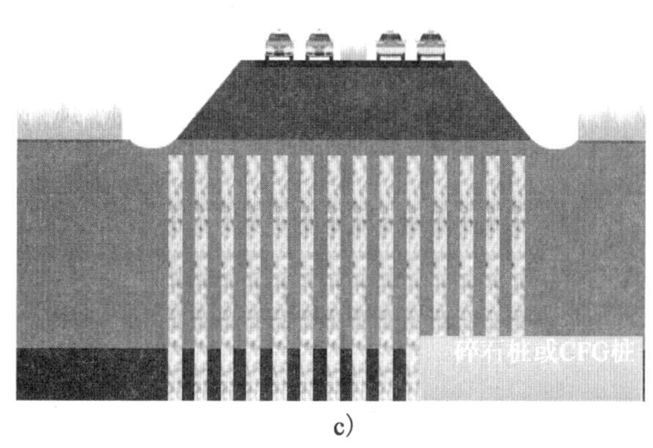

c)

图4-2-1　敏感路段路基处治施工

③按照长寿命路面的设计理念，通过实际交通、荷载的分析与预测，借鉴多指标设计方法，采用柔性组合基层沥青路面结构，提高了路面基层的整体强度；充分考虑极端气候的影响，采用橡胶粉SBS复合改性沥青，提高沥青路面的低温抗裂性、水稳定性，改善高温稳定性（图4-2-2）。使用橡胶改性沥青及橡胶改性沥青碎石下封层，改善路面的使用性能，并适当提高材料性能指标，整体可延长路面使用寿命5～8年，按20年的交通量分析，目前路面结构可满足要求。

④充分利用沿线储量丰富的火山灰，改善沥青路面使用性能。填料型火山灰改性剂的应用方式是等比例取代原设计沥青混合料中的矿粉，既起到填料的作用，同时又起到改性的作用（图4-2-3）。在沥青路面中，采用火山灰填料型改性剂改性沥青混合料，高温抗车辙性能提高70%，低温抗变形能力提高15%。项目的实施，示范了填料型火山灰沥青改性剂的产业化和规模化应用。

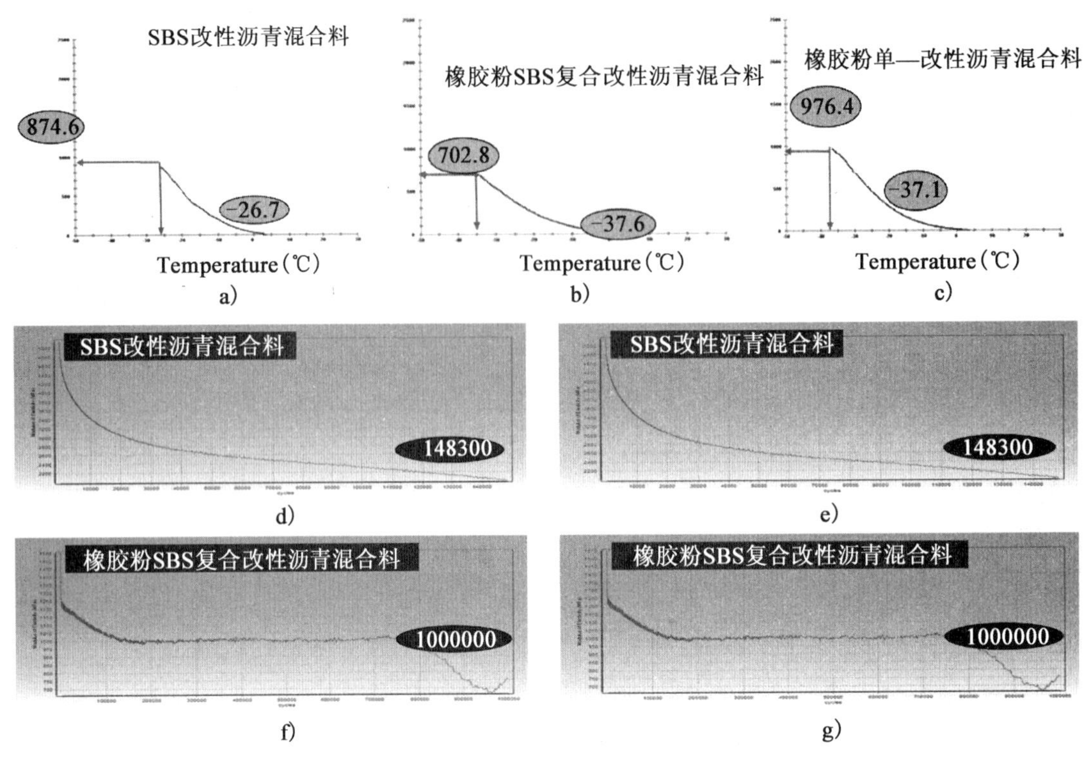

图 4-2-2 橡胶粉改性混合料室内试验

图 4-2-3 火山灰改性沥青混合料试验路铺筑

⑤鹤大全线特大桥4座、大桥90座、中桥40座、小桥6座、互通15座、分离式立交23座、通道桥164座，季冻区冻融循环、撒盐除冰对这些结构物混凝土的抗冻耐久性有严重的影响。项目在主线桥梁的护栏底座、墙式护栏、伸缩缝、设伸缩缝处盖梁采用抗冻水泥混凝土，通过对原材料控制、优化配合比设计、精细化施工等技术措施达到抗冻耐久的目的（图4-2-4）。除此之外，墙式护栏混凝土采用透水模板布，伸缩缝处盖梁混凝土采用硅烷浸渍进行抗冻设计。全线共推广抗冻混凝土6.6万m^3，透水模板布1.03万m^2。

a)

b)

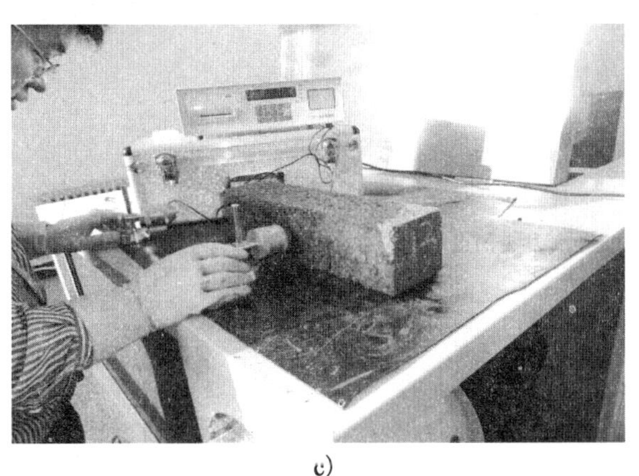
c)

图4-2-4　抗冻混凝土试验

⑥充分贯彻能源节约的要求，全线隧道照明采用节能灯具LED灯和无极灯及智慧控制技术，实现了“车进灯亮，车走灯暗”的节能控制（图4-2-5），在满足现有规范要求的照明亮度、均匀度以及现有车流量情况的前提下，与不采用智能控制系统相比至少能够节约能耗25%。隧道路面设计采用复合式路面结构，沥青采用温拌阻燃沥青，大大改善了隧道内施工工作环境，有力保障公路隧道中的行车安全，延长公路隧道路面的使用寿命。

⑦充分考虑沿线生态环境敏感要求，提出生态、环保、旅游、文化的长白山腹地南北大动脉建设定位，体现区域生态特色，展示旅游资源，展现地域文化特色。具体通过分割式路基、半路半桥路基设计使公路主体融入自然，通过对沿线敏感段落、动植物自然保护区采取相应的保护措施达到保护性建设，如保护区段落内的所有隔离栅计算好孔径以避免野生动

物穿越,桥梁涵洞设置隔离栅开口诱导保护动物通过,加强现有箱涵周边区域的原生植物保护,靖宇保护区段落内增加限速和禁止鸣笛标志等。在地形及视野开阔区域设置雁鸣湖服务区,毗邻雁鸣湖自然保护区,可以欣赏湿地景观及周围的湖光山色;依托敦化南服务区,展示古代渤海国遗址及六顶山佛教文化,打造历史人文景观;通过江源服务区展示松花石文化的魅力;在通化服务区,使用秦汉古长城文化的元素,向游客讲述秦汉长城遗址的重大考古发现(图 4-2-6)。

a)低能耗状态下隧道的亮度　　b)有车进入隧道内调光效果

图 4-2-5　“车来灯亮,车走灯暗”效果图

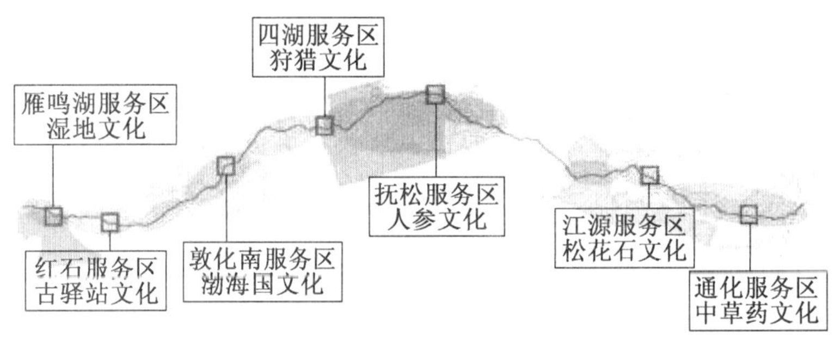

图 4-2-6　各服务区设计主题及展示文化

2. 施工与管理

(1)标准化施工

在鹤大高速公路建设全过程中,全力推进高速公路标准化建设,包括各参建单位的办公区、生活区、工地试验室、拌和场等。工程施工现场推行集约化管理,工厂化、集中化、专业化生产,实现混合料集中拌制,钢筋集中加工,混凝土构件集中预制,发挥集约化施工优势。

(2)清表施工

鹤大高速科技示范子项目植被保护技术,主要是依靠分步清表施工技术,控制施工红线,减少树木砍伐。路基施工之前先划出“环保绿线”(即路基压实边界到公路征地界范围的区域),“环保绿线”区域是植物资源保护的重点。对路基实施二次清表。第一次清表时环保绿线范围的所有原生植被实行强制性保护,决不能随意破坏这一区域的一草一木。第二次清表根据开挖后地质情况、地形特点、周边环境确定分台高度、边坡坡率、排水形式,根据施工需要确定清场范围和具体办法。第二次清场在保证路基稳定安全和施工操作前提下,环保绿线范围所有原生植被尽可能保留。鹤大高速全线共保护原生环境 70 万 m^2,保留树木 345041 棵,其中国家级保护物种红松 353 棵,黄檗 50 棵,水曲柳 55 棵。分布清表技术互通实施效果见图 4-2-7。

a)

b)

图 4-2-7　分步清表技术互通实施效果(航拍)

(3)施工管理

为做好科技示范实施工作,鹤大高速科技示范工程建立了相应的组织机构及工作机制。

①组织机构。

总体领导小组:负责总体组织协调,贯彻落实交通运输部有关科技示范和绿色公路工作的方针政策,组织研究制定吉林省相关政策措施,监督各项制度、标准要求的落实情况,研究解决科技示范推进过程中的重大问题。由吉林省交通运输厅党组领导,厅科技教育处牵头,厅综合规划处、建设管理处、技术处、运输管理处、鹤大高速建设单位、设计单位等相关部门和单位组成。

实施领导小组:负责科技示范项目日常工作,具体落实设计、施工、运营、管理等不同环节的技术和管理要求,跟踪督促试点进度,汇总各方面情况,与省交通运输厅、交通运输部建立沟通渠道,定期向省交通运输厅、交通运输部汇报试点工作进展情况。由吉林省高等级公路建设局主要领导及项目部负责人组成。

技术支持组:全面负责科技示范项目的技术支持、咨询和指导,全程参与试点工作的开展。在科技示范方案的编制、组织实施、后期整理总结等环节负责提供技术咨询服务,解决实施中的重点难点问题。负责施工技术指南、技术要点等的编制和现场交底等工作。由交通运输部科学研究院、吉林省交通科学研究所、吉林省交通规划设计院及其他技术参与单位领导、专家构成。

责任方:负责项目组织协调与落实,制定相应的管理制度,进行项目实施情况检查;设计单位负责专项工程施工图设计,根据现场情况进行设计变更,设计代表为施工单位提供科技示范工程技术咨询;施工单位负责专项工程具体施工建设;监理单位负责专项工程建设质量监察。

②工作机制。

建立“部、省级交通运输主管部门—吉林省高等级公路建设局—项目工程建设指挥部”三级工作联系机制。

建立科技示范工程工作动态追踪与评估机制,加强对试点工作执行情况的督促和检查。

建立科技示范工程工作考核机制,建设单位“一把手”亲自抓,负总责,各参建单位将科技示范工程建设目标和任务纳入本单位重点工作,并制定考核评价办法,定期组织考核评价。

四、建设成效

鹤大高速公路科技示范工程中的新技术应用,在提高工程建设质量的同时,取得了显著的经济、社会、环境及节能减排效益,对于季冻地区公路具有典型的示范带动作用。

1. 经济效益

通过在鹤大高速实施基于全寿命周期成本理念建设技术,累计直接经济效益约达 3 亿元;地产材料的应用,可延长路面使用寿命,节约养护费用 30%;房屋建筑工程节能保温技术的应用,实现了服务区节能标准提高 15%,全线隧道和服务区节能照明与智慧控制技术,至少节约能耗 25%,每年可节约电费约 895 万元;植被保护与恢复技术的应用可以实现珍稀树木及原生环境保留,降低工程建设费用 4.6 亿元。废旧材料橡胶粉改性沥青的应用,共节约工程造价 641.8 万元,使用植物沥青可降低建设费用达 26%。尾矿渣的应用节约工程建设费用 314.9 万元,节省污染治理费约 68 万元,挽回因污染造成的农作物产量降低价值约 105 万元。全线利用隧道弃渣制作生态砌块、填筑路基、加工机制砂用于混凝土,节约投资约 6 亿元。污水回用技术,每年节水费用可达 57.87 万元。

2. 社会效益

通过鹤大高速建设,提供了快捷安全的公路出行服务,提高出行效率,实现社会节能。

试点项目能够大大提高路面工程耐久性，延长公路养护周期。实现环境友好，项目沿线水体、植物可得到最大保护。充分利用沿线优美景色，带动旅游产业发展。此外，可使鹤大高速参建全员能够树立节能环保意识，能够自发自觉保护生态环境，做到一枝一叶总关情，誓留绿荫眷后人。总结形成系列标准规范，对季冻区、生态敏感区、山岭重丘区绿色公路建设具有很好的行业引领作用。

3. 环境效益

鹤大高速公路科技示范工程的实施具有显著的生态环境和节能减排效益。施工期燃油替代量为43119.49 t标准油，节能量为33927.64t标准煤，减排二氧化碳量为196423.82t。项目运营后每年节能量为17520.56t标准煤，减少二氧化碳排放21449.61t，具有显著的节能减排效益。此外，共减少占地52万m^2，每年减排COD 191.24t，减排氨氮25.57t，具有良好的环境效益。

4. 推广应用

依托鹤大科技示范工程，编制省部级标准15项，项目指南7项，通过标准引领，示范带动作用，实现阶段成果在东南部山区高速公路中的推广和复制。“十三五”期间，示范成果依托吉林省辉白高速、龙蒲高速、集通高速、长余高扩建工程、吉黑高速公路吉林至荒岗段等12条累计1500km高速公路建设进行复制和推广，发挥科技对高速公路工程建设的支撑作用。

第三章 云南武易高速公路建设绿色公路实践

一、项目概况

1. 项目简介

武易(武定至易门)高速公路(图 4-3-1)属于滇中城市经济圈环线高速公路的一部分,也是滇中产业新区公路交通“五纵五横六枢纽”骨架路网的第二纵,与京昆高速 G5、杭瑞高速 G56 衔接。本项目北端始于武定县城东南杨柳河,途经武定县九厂、禄丰县仁兴、碧城、勤丰镇、安宁市青龙、禄脿镇、易门县六街、龙泉镇,终止于易门附近。起点接国家高速公路网 G5 永仁至武定高速公路,止点接易门县县城东,接规划的弥勒—峨山—楚雄高速公路。

图 4-3-1 项目现场照片

2. 工程概况

本项目全长 104.3km(综合里程),按双向六车道高速公路标准建设,路基宽 33.5m,设计速度 100km/h,汽车荷载等级为公路—Ⅰ级,概算总投资 154.42 亿元。

全线共计路基土石方 2745 万 m^3,防护及排水工程 64.7 万 m^3;桥梁 115 座,长 34592m(其中,特大、大桥 86 座,长 32853m;中桥 25 座,长 1653m;小桥 4 座,长 86m);涵洞、通道 216 道;隧道 4 座/6179m(单洞)(其中,长隧道 1 座,单洞长 3240m;中隧道 2 座,单洞长 2339m;短隧道 1 座,单洞长 600m);互通式立交 10 处;路面工程为沥青混凝土路面;设置高速公路监控中心 1 处,下设 8 处收费站、2 处养护工区、1 处隧道管理所、2 处服务区、3 处停车区;占地面积 1000 万 m^2。

3. 工程特点

结合项目区域的布局规划以及项目沿线环境特征，本项目具有以下几个特点：

(1)地处滇中产业新区，推进“一带一路”战略实施

本项目是滇中产业新区公路交通“五纵五横六枢纽”骨架路网的第二纵，也是先期工程“一纵一横两连接”高速公路的一纵，是连接楚雄、昆明、玉溪一州两市的重要通道。滇中新区位于昆明市主城区东西两侧，是滇中产业新区的核心区域，初期规划范围包括安宁市、嵩明县和官渡区部分区域，面积约 482km^2。2015 年 9 月 15 日，国务院《关于同意设立云南滇中新区的批复》(国函〔2015〕141 号)，同意设立国家级新区——云南滇中新区，“要把建设云南滇中新区作为实施“一带一路”、长江经济带等国家重大战略和区域发展总体战略的重要举措，打造我国面向南亚、东南亚辐射中心的重要支点、云南桥头堡建设重要经济增长极、西部地区新型城镇化综合试验区和改革创新先行区”。建设好云南滇中新区，对于推进实施“一带一路”“长江经济带”等国家重大战略，为西部地区新型城镇化建设提供试验示范，培育壮大区域经济增长极具有重要意义。

本项目的建设对改善滇中地区的交通条件，加快滇中产业新区发展、提升滇中经济圈竞争力，加强滇中地区与川南地区的相互联系，推动联动发展、协调发展具有重要的意义。

(2)区域高速公路快速发展，带动少数民族脱贫致富

云南是中国少数民族最多的省，据人口普查统计，云南少数民族有 25 个，在这 25 个少数民族中，有 15 个少数民族是云南省独有，少数民族人口占全省人口总数的 1/3，其分布地区约占全省总面积的 2/3 以上。本项目经过地区沿途分布有彝族、回族、傣族、哈尼族、苗族、傈僳族等少数民族，少数民族人口达 20 多万。少数民族与汉族在这里和睦相处，共同进步，各民族习俗相互影响，文化相互交融，发展互相促进，共同组成了一个团结和睦的大家庭。

项目所处地区自然资源丰富，具有一定的经济发展潜力，而公路运输网络的不完善、运输条件的落后，严重制约着本地区经济的发展。滇中城市经济圈是西部大开发的重点地带，作为滇中城市经济圈骨架公路网的重要组成部分，本项目的建设实施将极大地改善区域交通基础设施落后的局面，改善当地的投资环境，带动区域经济发展，对沿线人民和少数民族脱贫致富具有重要现实意义。

(3)三个高接高立体互通，优化区域路网结构

本项目与现有国家高速公路网(G5、G56)、国道(G108、G320)、省道(S213、S103)通过互通立交有机衔接，同时也与县道(X017、X026、X313、X314、X324、X334、XE63、XA19、XF50、XF55、XF56 等)通过连接线相接，构成区域完善的公路交通网，极大地促进区域经济发展。本项目共设互通 10 处，普通落地互通 8 处，枢纽互通 3 处(其中勤丰枢纽由长广高

速项目设计,不计入本项目)。

按照滇中产业新区公路交通规划,新区交通路网与云南省社会经济发展布局和国家高速公路路线功能相互协调,形成区域内完善的高速公路布局,便于昆明—玉溪—楚雄产业新区之间便捷联系,进一步提高路网连通度,交通量将出现路网内部转移,提升区域路网等级,改善区域内的交通运输条件,缩短运输时间,节约车辆运营成本,提高滇中产业新区的区位条件和经济可达性,加强影响区之间的经济联系,加快区域内矿产、旅游等资源的开发,促进沿线地区经济结构不断优化调整。

根据产业新区路网规划,在产业新区东北端,北上可通过四川通达内地,向西快捷进入攀枝花,向东连接省府昆明。因此,本项目的建设,将进一步完善滇中区域内的路网结构布局,实现与周边省、与周边国家的高速连接,并入亚洲公路网、完善东西向和南北向陆路国际国内大通道,连接长三角、成渝和珠三角,主动融入和服务"一带一路""长江经济带"国家重大发展战略;连接周边所有的州市行政中心,发挥滇中城市经济圈在全省的核心和辐射带动作用,成为支撑云南省全面建成小康社会的强大引擎。

(4)打造绿色公路建设典型,带动低碳滇中区域发展

武易高速绿色公路建设从资源节约循环再利用,生态环保自然建和谐,周期成本控制可持续,创新智慧高效提服务四方面打造节能智慧绿色公路典型工程。

在资源节约循环再利用方面,积极应用节能技术和清洁能源。推广应用旋挖钻机、钢波纹管、LED 节能灯具、隧道通风照明智能控制系统等新技术与新设备。因地制宜推广太阳能、风能、天然气等清洁能源。大力推行粉煤灰、磷石膏、隧道弃渣、腐殖土等废旧材料循环利用。积极应用节水、节材施工工艺,实现资源高效利用。

在生态环保自然建和谐方面,推行生态环保设计,加强生态选线,避绕易门翠柏自然保护区、丰收水库等生态环境敏感区,推行生态环保设计和生态防护技术。全面推进沿线附属设施污水处理和利用,强化穿越敏感水体路段的径流收集与处置。

在周期成本控制可持续方面,应用耐久性路面、推进钢结构桥梁的应用,发挥其在全寿命周期成本方面的优势。全面实施标准化施工,建立标准化施工长效机制,实现工地标准化、工艺标准化和管理标准化。鼓励工程构件生产工厂化与现场施工装配化,注重工程质量,提高工程耐久性,实现工程内外品质的全面提升。

在创新智慧高效提服务方面,应用连续式交通量监测统计系统、公路运行能耗与排放监测系统采集高速公路车辆运行数据,监测高速公路车辆能耗和排放。沿线服务区内设置加气站(预留)和新能源汽车充电桩,积极做好相关设备安装的配合工作,为节能减排创造条件。推进高速公路联网不停车收费与服务系统(ETC)建设,扩大 ETC 覆盖范围,提高路网整体通过能力;利用短信平台、门户网站、微信、微博等新媒体手段,构建公益服务与个性

化定制服务相结合的公路出行信息服务体系，为人们出行提供更畅通、更便捷、更环保的绿色服务型公路。

武易高速绿色公路的建设将带动滇中新区积极运用低碳技术改造提升传统产业，加快发展低碳建筑、低碳交通，培育壮大节能环保、新能源等战略性新兴产业。滇中低碳区域节能环保、生态化建设，也将带动新的产业新区发展方向，使滇中产业新区成为更加富有活力、环境宜人、适应未来科技发展趋势且高效节能的低碳循环经济示范区。

(5)结合沿线旅游优势，开展绿色旅游示范工程

本项目沿线的旅游资源主要集中在武定县、禄丰县、安宁市、易门县。项目的建设将永仁方山、元谋土林、武定狮山、禄丰侏罗纪公园、安宁温泉、易门森林公园等旅游景点连接起来，形成以方山风景区、土林风光、金沙江自然风光、狮子山等风景名胜区为主的旅游业。改善交通条件，充分发挥其资源优势，项目的建设将促进滇中地区及沿线地区旅游业的进一步发展，为地区经济的可持续发展奠定良好的基础。

(6)率先建设“智慧公路”，滇中交通迎来“大数据”时代

根据交通运输部印发的《推进智慧交通发展行动计划(2017—2020年)》，武易高速借助现代信息化手段率先发力，采取多项措施积极建设“智慧公路”。施工期，首先利用“高速公路建设环境智能监测及控制关键技术研究”科技攻关，对全线重点控制性工程及环境敏感点等区域安装了高清视频智能监控系统，实现了安全质量及环境的系统监测；其次，路面施工采用数字管控一体化“智慧工地”平台，严格控制路面施工质量，并且在全线各参建单位统一采用OA公文处理系统、计量支付及设计变更管理系统，实现网上智能办公，大大节约了人力物力，提高了工作效率。

营运期应用连续式交通量监测统计系统、公路运行能耗与排放监测系统采集高速公路车辆运行数据，监测高速公路车辆能耗和排放；全线收费站设置2进2出ETC车道，共设置ETC车道31条，为提高车辆通行效率打下了基础，可大大降低运营管理成本；同时，随着“云南高速通”APP的全面上线，为广大驾乘人员提供出行和低碳信息服务。全力打造基于“互联网+武易智慧高速”大数据服务综合平台，以信息化技术为依托，实现管理效能、服务载体和服务水平的全面提升，支撑多元化的交通出行需求。

二、建设理念

1. 总体思路

深入贯彻落实党的十八大精神，以交通运输部《关于实施绿色公路建设的指导意见》(交办公路〔2016〕93号)、《关于实施第二批绿色公路建设典型示范工程的通知》(交办公

路函〔2017〕5 号)文件为指导,牢固树立创新、协调、绿色、开放、共享发展理念,落实平安交通、绿色交通、智慧交通、综合交通“四个交通”发展要求,建设以质量优良为前提,以资源节约、生态环保、节能高效、服务提升为主要特征的绿色公路,实现公路建设健康可持续发展。根据云南省“建设七彩美丽云南、争当生态文明排头兵”的发展战略,深入分析生态文明建设要求下行业发展受到的能源资源环境约束,坚持理念创新、科技创新、管理创新和体制机制创新的思路,以绿色交通基础设施、低碳环保运输装备、集约高效运输组织为重点领域,以高能效、低污染、生态友好、资源节约为目标,将生态文明理念融入工程建设的各方面和全过程。

依托武易高速绿色公路建设,结合工程项目特殊区位要求,树立全寿命周期成本理念,将绿色公路建设理念贯彻到规划、设计、施工、运营、养护和管理的各方面及全过程,保证项目的组织管理、建设管理、设计、施工、监理、技术服务、运营养护等各方面全员参与到绿色公路建设中来,实现绿色公路建设发展目标。

2. 建设目标

以交通运输部提出的“实施绿色公路建设”为指导,因地制宜将绿色公路建设贯穿于武易高速公路规划、设计、施工、运营、养护和管理的全过程,坚持理念创新、科技创新、管理创新和体制机制创新,通过 38 项主要任务的实施,使武易高速路基、桥梁、隧道、沿线设施等构造物与自然环境高度融合,实现建成“节能降耗、生态环保、智慧服务、景观优美”的武易绿色公路的目标,促进滇中环线交通运输与区域经济及自然环境的协调发展。

3. 设计理念

项目规划阶段坚持可持续性发展,树立节约资源的理念,合理利用走廊带资源,落实严格的耕地保护制度,尽量少占基本农田,从环保角度出发,减少砍伐林木;加强临时用地的复耕工程,减少耕地及水土流失。

公路设计阶段强化专项设计,尽量减少高填深挖施工,采取桥梁、隧道等替代方案,合理采用低路堤、缓边坡、生态边沟、隧道零仰坡进洞等生态设计理念。

施工阶段强化施工管理,开展施工期环境监理,合理设置污染物处理设施,确保施工废水、废气和噪声污染得到有效控制。对穿越或邻近自然保护区或重要湿地的道路,开展动物通道建设、水系连通改造等工程;结合边坡所处地域及气象特点,研发具有区域特点的生态防护技术。

运营阶段开展高速公路服务区污染综合治理,结合地域、民族特色,对有条件的服务区,提升设施的生态景观文化功能;加强公路噪声治理,对声屏障进行隔声效果调查,结合道路养护对超标路段进行降噪处理维护或重建;控制穿越或邻近水源保护区、珍稀水生生物栖息地等敏感区段的路(桥)面径流污染,防范交通事故导致油类或危险化学品泄漏造成的环境风险。

养护阶段建立养护管理机制,注重全方位、全寿命的管养措施,科学制定养护决策。同时,积极探索符合区域地理、气候条件的公路养护技术,提高工程耐久性,降低公路养护周期成本,提高公路使用效率。

三、建设实践

武易高速绿色公路以建设节能、低碳、环保、智慧公路为目标,更加注重统筹全过程,更加注重统筹多系统,更加注重资源节约、环境友好等要求的贯彻和落实、更加注重公路建设及运行管理的质量和效率,更加注重需求引领下公路的服务提升。

武易高速公路项目所在区域地处山区,水系发达、土壤肥沃、植被类型多样、森林资源丰富。有武定狮子山保护区、易门翠柏自然保护区、易门龙泉保护区,还有响水箐水库、哨箐水库、丰收水库等7个饮用、灌溉水库。鉴于本项目特殊的自然环境和建设条件,项目坚持生态选线,避绕易门翠柏、丰收水库等生态环境敏感区。

项目全线采取移栽、生态选线、路线优化等措施,保护了20000余棵翠柏(国家二级重点保护植物),大力营造路域碳汇林344.6万m^2。推广应用错台竹木梯网格、稳固剂铁丝网等公路生态固坡技术52972.28m^2,该项技术为云南省公路开发投资公司(现云南省交通投资建设集团有限公司)2015年度国家科技进步奖公路生态固坡科技成果,在项目沿线适宜路段推广应用,有效解决砂性土、红层软岩等特殊土边坡抗雨水冲刷的防护问题。

公路附属设施运营水资源循环利用,全线服务设施每日消耗水量约350t,除生活用水外,其他用水均可采用经处理后的生活污水作为中水回用,处理后的污水,可用于冲厕、绿化及景观用水,每年可节约6.43万t新水资源,减排化学需氧量COD 84.77t,氨氮9.76t,不仅可以消除污染物排放对周边区域的污染,同时节约大量新鲜用水量。

武易高速在百花山隧道出入口、前营停车区、勤丰停车区、易门服务区、易门收费站建设雨水收集系统。雨水收集池全部采用玻璃钢一体化处理池,收集的雨水主要用于沿线附属设施、中央分隔带等绿化灌溉。

沿线服务区、收费站等服务设施全部采用绿色建筑,为保障沿线敏感点声环境质量,在沿线开展噪声防治工程,对沿线水敏感地段采取桥面径流净化等措施。

全线桥梁墩柱施工采用"墩笼架"操作平台及标准化人行爬梯,确保施工人员安全,提高了高空施工安全系数,加快了墩柱钢筋安装速度,且便于拆除。全线桥梁预制场的钢筋加工均采用数控钢筋弯曲机,自动完成定尺、弯箍,确保钢筋加工精度。桥梁预制梁场占地面积均在1.5万m^2以上,合理规划分区,标准化管控,同时预制场设有检梁台,便于对梁板进行全面仔细检查,梁场养生采用内外箱喷淋系统及蒸汽养生系统,加强梁板养护,有效保证梁板预制质量及进度要求。各工区均按标准化要求建设了混凝土集中拌和站。其中TJ2-3工区拌和站占地面积达4000m^2,在各拌和站设置了洗车区,对车辆轮胎进行清洗,避免集料二次污染;排污池排放采用沉淀池过滤,减少环境污染。在每棵墩柱顺桥向、每片梁板侧面均设置了检验合格标识。统一标识有墩柱、梁板的位置编号、浇筑(预制)时间、施工、监理单位、现场技术负责、现场监理负责、质检负责等信息。预制梁场梁板钢筋安装使用钢筋定位胎架,通过钢筋定位胎架完成梁板钢筋安装,既保证了钢筋骨架施工定位的准确性,又提高了施工效率。全线预制场均采用智能张拉设备,4台千斤顶同时对称张拉,减少偏心受压对梁板的影响,同时减少张拉循环次数,保证工程质量,提高施工效率。全线桥面混凝土铺装浇筑前使用铣刨机对梁板顶面(含湿接缝)进行铣刨,确保混凝土表面平整,均匀粗糙,纹理清晰,层间结合效果好。土建一合同段小型预制构件厂采用工厂化大规模集中预制,成品集中打包叉车运输,体现了现代施工理念。

项目施工建设期,积极采用新技术、新工艺,在资源、能源、材料的使用中,降低消耗数量、调整消耗结构、提高使用效率,减少对碳吸收生态系统破坏,降低二氧化碳排放量。具体措施包括:对全线所有适宜的6000余根桩基采用旋挖钻孔技术,对路面沥青拌和楼进行"油改气"改造,涉及拌和的沥青混凝土混合料共计约25万t;全线积极推广波纹钢管涵取代同断面的钢筋混凝土盖板涵,安装总长度为415.8m,不仅节约工期,而且避免了大量钢筋、水泥、砂石、机械、模板的消耗;针对项目实际情况,综合考虑建设成本、项目环境条件、养护成本、工程实施风险等因素,在武定枢纽、安丰营枢纽等处桥梁中大跨径桥、弯坡斜等特殊形状桥均采用钢箱梁结构,共消耗14551.94t钢材;引入耐久性路面铺筑技术,在全线路面中面层掺加抗车辙剂1900余t、重载交通路段上面层掺加玄武岩纤维50余t,该技术的实施对促进云南打造绿色、耐久、低碳高速公路具有重要意义。

本项目在施工期间,大力推广隧道弃渣、粉煤灰、磷石膏、腐殖土等废料的综合利用,主要采取了以下几种措施:

①共利用隧道弃渣10万余m^3,主要应用于路基填筑、路基片碎石垫层以及挡墙片石混凝土中,粒径较大岩石用于制作生态砌块、护坡挡土墙以及旱桥锥坡铺砌等。

②土建一标、二标在全线部分桥梁桩基、承台、墩柱、盖梁以及涵洞和隧道二衬等混凝土结构中共使用了69331.28t粉煤灰,减少热电厂用于存放粉煤灰的土地224.72m^2,保护了大量土地资源。

③共利用改良后的固体废物磷石膏880t,主要用于施工便道和改线道路、连接线的水稳基层铺筑中,将其再利用,减少堆砌磷石膏占用土地。

④全路段共收集腐殖土60余t,通过合理设置堆放场,尽量减少土壤养分流失,并及早

用于临时用地恢复和边坡生态恢复中。

⑤对全线4座隧道壁面全部采用蓄能发光多功能环保涂料进行装饰，共计约151000m^2。

本项目加强公路运营节能措施，提高清洁能源利用比例，主要采取了以下几种措施：

①公路基础设施运营推行LED节能照明技术。对本项目所有隧道、管理中心、收费站、服务区、停车区和养护区等区域的室内及室外照明范围进行LED照明及智能控制技术应用，推行LED节能照明技术，全线共使用约11000余盏LED灯。

②提高清洁能源利用比例。本项目所在区域风能和太阳能资源较为丰富，百花山风电厂可实现年发电量12782.5万kW·h，区域日照充足（年平均日照2254h），百花山隧道建设期以及营运期用电充分利用百花山风电厂发电；在全线服务区、停车区、收费站配置太阳能热水器，充分利用太阳能资源，解决工作人员和往来司机的热水需求。

本项目积极开展科技创新，武易指挥部和相关科研单位联合攻关的"公路工程抗震防灾与重载交通技术研究及应用""滇中环线高速公路交通安全防护技术提升技术及装备研发""高速公路建设环境智能监测及控制关键技术研究""高速公路隧道快速无损检测技术研发及工程应用""高速公路土石混填及固体废弃材料路用关键技术研究"共5个科技项目成功申报云南省交通运输厅科技项目，"云南高速公路交通安全技术与装备性能提升及应用示范""云南高速公路固体废弃材料应用及土石混填关键技术研究""高速公路高墩桥梁检测新技术及装置研发与应用"3个科技项目成功申报云南省科学技术厅科技项目。同时，与孙钧院士合作成立院士工作站，联合开展针对软岩大变形隧道的科研攻关，搭建科技创新平台，提升自主创新能力，增强核心竞争力。

四、建设成效

武易高速公路建设工程2017年1月11日被交通运输部批复为绿色公路建设典型示范工程。作为一条立足于高速公路建设工程的主题性示范项目，其成功经验对云南省乃至全国的公路建设工程在节能减排方面有显著的借鉴作用和示范意义。为了建设好武易高速绿色公路，武易高速公路建设指挥部根据立足实际、突出特色、系统设计、科技支撑、经济可行的原则，在项目实施过程中重点关注，抢抓落实，构建了一系列管理体系和措施，确保了武易高速建设工程绿色公路示范项目顺利实施，积累了丰富的绿色公路建设经验，形成了一系列绿色公路建设管理文件和指南成果。

①武易高速公路建设工程共实施38项绿色技术，项目总共节约标准煤11438.7t，减少二氧化碳排放30770t，环境效益显著，为绿色交通建设做出了积极的贡献。

②武易高速公路建设工程广泛推广、运用多项新技术措施，并形成了一整套技术成果，

可以成为行业或地方标准,指导同类项目应用。通过本项目的实施,培养了一批各条战线上的技术人员,无论从技术水平还是人员培养,都为后期其他项目的开展奠定了良好的基础。

③通过中央电视台《新闻联播》、中央电视台《新闻直播间》、《云南新闻》和《云南交通报》等媒体向行业内外宣传武易高速绿色循环低碳试点的成果及所取得的经验,向道路用户宣传绿色低碳理念,更好地起到试点示范作用,有助于实现全行业节能减排、全社会节能减排。

第四章　江西庐山西海高速公路建设绿色公路实践

一、项目概况

1.项目简介

江西省永修至武宁(庐山西海)高速公路(以下简称庐山西海高速公路)全线位于江西省北部的九江市境内,东起福银国家高速公路昌九段,西连大广国家高速公路武吉段,贯穿庐山西海国家级风景名胜区,是鄱阳湖生态经济区的交通主骨架之一,项目建成有利于发展环鄱阳湖区域旅游产业,也是江西省首条景区旅游高速公路。庐山西海高速公路有60余km环绕庐山西海国家级风景名胜区的主体景观和南昌市的备用水源——柘林湖,并多次跨越湖汊。

2.工程概况

庐山西海高速公路路线总体呈东西走向,全长104.487km,按双向四车道高速公路标准建设,设计行车速度80km/h,路基宽度24.5m。全线设桥梁18918m/95座,枢纽互通2处,服务区1处,一般互通4处。项目于2009年7月开工建设,2011年9月建成通车。

3.工程特点

庐山西海高速公路属于典型的湖区高速公路、旅游高速公路,柘林湖水环境保护、湖区路段交通安全保障、旅游景观资源保护及生态保护与恢复是庐山西海高速公路建设与运营的主要特点。

为突出工程特点,项目确立了“打造江西首个生态旅游典型示范工程”的目标定位,结合项目的功能定位,经交通运输部批准,“庐山西海高速公路安全绿色交通科技示范工程”成为“十二五”期间首个科技示范工程。项目围绕安全、绿色两大主题,在“人、路、环境三位一体,和谐共融”理念的指导下,由江西省交通运输厅负责,组织江西省高速公路投资集团有限责任公司、江西交通咨询公司、江西省交通运输厅永修至武宁高速公路建设项目办公室、交通运输部公路科学研究院、江西交通设计院及江西省交通科学研究院等单位,以科技成果推广应用为主导,开展科技攻关,重视集成创新,投入6500万元用于科技示范项目的实施,圆满完成了1个科技攻关、2项集成创新、33项推广应用工作,显著提升了绿色公路建设和公路交通安全保障理念及技术水平。

二、建设理念

1. 总体思路

围绕"打造江西首个生态旅游典型示范工程"的目标定位,针对水环境保护技术需求开展科技攻关,规模化运用和应用公路交通安全保障与绿色交通"四新"技术,充分发挥科技对公路建设的支撑和引领作用,创建"十二五"时期首个绿色交通、安全交通科技示范工程。

2. 建设目标

项目建设目标定位为"打造江西首个生态旅游典型示范工程"。为建设生态旅游典型示范工程,项目按照生态旅游高速公路的标准,重点做好公路路域生态保护与恢复、柘林湖水环境保护以及景观保护与营造工作。

3. 设计理念

项目创新了平安公路、绿色公路建设理念,具体如下:

(1)"人、路、环境三位一体,和谐共融"的平安公路、绿色公路建设理念

在公路规划设计、施工及运营过程中,始终将人、路、环境作为一个不可分割、有机联系的整体看待,树立全寿命周期理念,充分考虑人与环境的需求。人与路和谐,注重安全和服务,建设平安公路;路与环境共融,强调因地制宜和环境友好,打造绿色公路。

(2)"交通安全与环境安全协同保障,资源节约与环境保护有机结合"的资源节约型环境友好型公路建设理念

"交通安全与环境安全协同保障"指充分认识交通安全与环境保护之间的密切联系和相互促进作用,在公路路基路面、桥涵、路线交叉、交通安全设施及监控和通信等管理设施设计中考虑环境保护要求,从主体工程设计的角度采取主动预防措施降低环境影响或为环境保护设施的建设提供便利条件,必要时辅以被动防护措施。

"资源节约与环境保护有机结合"指在公路规划、设计、施工及运营管理等各个阶段,充分应用和落实节地、节能、节水、节材、安全及环境友好技术措施,实现节约、集约利用资源与能源,保障交通安全,降低环境影响等。

(3)基于路网规划与公路及环境个性的绿色公路设计理念

公路选线及服务设施选址充分考虑路网规划,做好与路网中其他公路及其服务设施之间的衔接;公路构筑物设计除应满足相关标准规范的规定外,还充分考虑公路的服务功能定位、公路周边环境特征等,因地制宜、因路变化进行设计,避免大量通用、标准化设计带来的公路与环境之间的不协调和不必要的资源及能源浪费。

三、建设实践

1. 主要技术创新点

(1)绿色设计

结合项目功能定位与建设特点,在设计阶段进行了大量的创新,主要内容如下:

①在满足规范的基础上,灵活运用技术指标,合理掌握标准。

临柘林湖路段线位从临湖半山腰整体平移至临柘林湖布设,降低路线设计标高,极大地减少高填深挖路段长度和路基土石方量;在路线平纵面设计时,充分结合地形,不片面追求高指标,平面线形以曲线为主,优化局部路段纵坡。

②精细化设计减少土地占用。

通过设置矮墙降低路堤高度,合理设置上下边坡台阶宽度和边(排水)沟型式等精细化设计,极大降低了公路用地指标。项目用地总指标为 60658m^2/km,远低于国家规定的公路建设项目用地指标 80682m^2/km。

③因路制宜的路面结构创新设计。

结合本项目的交通量和重载汽车偏小的特点,经路面结构计算,采用二层面层设计,路面结构为 4cm 表面层 +8cm 下面层 +8cm 上基层 +33cm 水稳基层 +20cm 级配碎石底基层。

④基于路网与服务功能定位的公路服务设施选址规划与低碳服务区设计。

基于项目建设主要服务于庐山西海旅游资源开发,交通量以旅游客车和小型汽车为主,结合庐山西海丰富的旅游资源和优美的自然环境,设置了西海综合服务区,打造成集旅游观光、休闲度假、汽车服务等于一体的国内一流服务区和低碳环保科技示范与宣传基地,建设了国际会议中心、游客服务中心、人工沙滩、太阳能光伏电站与光热系统、光导照明建筑、水源热泵空调系统、污水处理系统、太阳能路灯与广告牌等低碳服务设施。

⑤自然式圆弧边坡挂网客土喷播柔性防护设计。

全线路堑边坡开口线采取圆弧形设计,同时采取挂网客土喷播绿化进行防护。在边坡绿色全覆盖的基础上,视周边植被情况选择马尾松、木荷以及油茶等乔灌木容器苗和山杜鹃、野蔷薇等花灌木树种在边坡上进行自然式栽植,营造与周边植物群落外貌相协调的乔灌草复层护坡植被。

⑥基于绿化与桥面径流水处理相结合的桥头锥形坡梯田式生物池设计。

在绿化设计时,统筹考虑桥面径流水与桥头锥形坡绿化,在桥头锥形坡设置梯田式生物池,实现绿化与桥面径流水处理的完美结合。

⑦基于生物防护的绿篱隔离栅设计。

采用种植马甲子绿篱的方式,取代传统的刺铁丝网隔离栅设计,既减少了工程造价,又增加了公路路域植被覆盖度。

(2)绿色施工

在施工阶段,项目贯彻实施"在建设中保护、在保护中建设"理念,开展了"带绿施工"等施工管理与工艺创新,主要内容如下:

①清表土有效利用。

路基挖、填方清表土必须集中堆放,在路基成形后将清表土用于中央分隔带和填方边坡,利于植被恢复。

②深水桥基础环保施工技术。

项目有三座深水桥,桩基施工最大水深近30m,桥梁基础施工的环保要求极高。经专家咨询,最终采取架设钢栈桥、利用无浆钻机钻孔的方案进行施工,避免了桩基施工对柘林湖的污染。

③带绿施工。

项目在开展主体工程设计时,同步开展绿化工程设计。施工过程中,做到路基边坡施工一个、成型一个、验收一个、绿化一个,实现"带绿施工",防治水土流失。

(3)绿色管理

①构建科研先行、咨询保障、后期监测相结合的绿色管理体系。

科技示范工程正式实施后,项目引入科研项目咨询单位,建立了完善的科研项目申报、审批、审查、阶段成果评估、成果鉴定、推广应用等全过程管理体制,按照"调研—设计—论证—试验—施工—检测—跟踪"的技术路线,采取研用并进机制,避免了传统模式中从试验室到现场周期冗长的缺陷,极大提高了依托建设工程设立科技创新项目的针对性,缩短了成果转化周期,从而有效缩短建设工期、节省工程造价,使之真正服务于工程建设、创新于工程建设、应用于工程建设。

②采用"现场体验+面对面研讨"的技术交流模式。

图4-4-1 经验推广

在庐山西海服务区,技术人员现场体验和感受了全国第一个低碳服务区所包含的科技含量和科技成果推广应用产生的作用。通过圆桌会议,科技示范工程参建者与全国会议代表共同围绕安全、绿色主题,就交通安全保障、水环境安全保障及绿色(低碳)服务区等示范技术进行了研讨,提高了对庐山西海高速公路安全绿色交通科技示范工程推广应用技术的认识和理解(图4-4-1)。

(4)绿色低碳和创新技术应用

庐山西海高速公路(图4-4-2)推广应用了33项交通安全保障、绿色交通新技术、新材料、新设备及新工艺,其中交通安全保障技术9项,生态旅游公路建设技术18项,资源节约型环境友好型公路建设技术6项,创造多个全国之最,有多个项目在全国或江西省属首次应用。通过交通安全、绿色交通技术的规模化运用,大幅度地提高了交通安全保障与服务水平,显著提高了公路绿色、环境友好程度,实现了打造安全、绿色交通科技示范基地的目标。

a)　b)　c)　d)　e)　f)

图4-4-2　公路建成后照片

①在全线临近及跨越柘林湖路段修建了60余km、全国最长的路桥面径流收集处理系

统,实现了路面雨水径流的全收集、全处理,首次将交通安全设施、机电系统与水环境保护紧密结合,实现了高速公路危化品运输事故环境风险监测、预警及应急的自动化、信息化。

②成功打造了全国第一个绿色(低碳)服务区——庐山西海服务区,集中运用了太阳能光电和光热、水源热泵、光导及太阳能照明等绿色能源开发利用技术及智能节水、生活垃圾资源化、绿色建筑等低碳环保技术,达到了二星绿色建筑标准。

③实施了全国首个集雾情监测、信息诱导与主动发光诱导、雾区安全运行保障综合监控系统于一体的雾区安全保障实体工程,首次研制并应用了雾区智能诱导技术,为驾驶员提供道路轮廓强化、行车主动诱导、防止追尾警示、安全信息提示等管控与服务功能,有力地保障了雾区行车安全。

④首次在三维地理信息系统平台的支持下,应用无人机遥感技术,集成运用路网运行管理与决策支持、高密度交通状态监测与预警、交通事故信息管理及预警分析、雾区安全保障、公路应急救援管理以及水环境风险监测预警等技术,开发了庐山西海高速公路管理三维系统,显著提高了交通安全保障与服务水平。

⑤开拓性地修建了22km性能优良的、国内最长的高速公路排水降噪沥青路面,能有效消除雨天的路表水膜,防止车辆发生水漂,安全与环保兼益。

⑥全国首次在高速公路中应用图形化指路交通诱导屏,全线推广了路侧净区、可导向防撞垫、路侧隆声带及雨夜反光标线、转动护栏等新型交通安全设施,这些交通安全保障与应急处置成套技术,为全天候行车安全提供了坚强的保障。

⑦全线推广了自然型边坡保护技术、坡面近自然植物群落恢复重建技术、生态边沟技术、客土喷播绿化护坡技术,达到了"路景相融、绿色永武"的建设目标。

2. 建设特色

(1)打造全国第一个绿色(低碳)服务区

集中应用绿色能源、绿色照明、水资源再生利用等绿色技术,打造了全国及江西省第一个集旅游观光、休闲度假、汽车服务的低碳公路服务区。在绿色能源开发利用方面,在西海服务区建设了太阳能光伏发电站1座,基本解决了整个服务区的用电问题。同时,西海服务区还建设了太阳能光热淋浴系统、地源热泵空调系统,以解决服务区生活热水来源。餐厅、厕所等服务设施均按照绿色建筑的标准设计,餐厅应用了光导照明技术,充分利用自然光照明,减少能源消耗。为避免生活污水排放对柘林湖水体的污染,西海服务区建设了基于生物膜技术和生物滤床技术的生活污水再生利用系统,实现了生活污水的循环利用。

通过低碳服务区建设技术的应用,实现了西海服务区用能绿色化、污水资源化,减少了碳排放,保护了柘林湖宝贵的水资源,经济、社会及环境效益均较为显著。

(2)提升了绿色公路建设理念和技术水平

项目以探索旅游公路成套技术为切入点,以标准化管理为落脚点,以科技示范项目为支撑点,整理提炼了绿色高速公路建设理念和成套技术。绿色高速公路的主要特点有:

①一个基础——生态环保是基础。

不破坏自然生态系统的连续性和周围环境的生物多样性,将高速公路融入良性自然生态环境系统之中,实现环境效益最大化。

②两大支撑——科技创新、地域人文是支撑。

以科技创新为手段,研究攻关关键技术,推广应用科技成果;以有特色的人文环境作为高速公路的主要景观,使高速公路成为自然环境中的特色景观。

③三项目标——资源节约、安全舒适、现代服务是目标。

从项目立项,到建设实施,再到运营管理,全过程追求资源节约、安全舒适、现代服务等全方位环境、社会、经济的效益最大化。

四、建设成效

1. 节能减排及生态环保效益

"绿色崛起"是江西省的发展战略,"既要金山银山,更要绿水青山",也是赣鄱大地的呼声,作为一条以水为主体景观的景区旅游路,庐山西海高速公路建设对路域生态环境保护极为重视,低碳环保等绿色公路建设技术在项目建设中大量应用,将低碳环保的理念贯彻到高速公路设计、施工和运营的全过程中,对缓解高速公路沿线自然资源紧缺、保护生态自然环境起到重大的作用。同时,也对高速公路节能减排、建设绿色低碳公路,起到积极的促进与推动作用。

①通过开展水环境安全保障关键技术科技攻关和交通安全保障技术应用,显著提高了庐山西海高速公路沿线水环境安全保障能力。

②通过应用旅游公路景观规划、设计及营造技术和路侧旅游观景平台建设技术,有助于公路沿线自然景观与人文景观的融和,实现科技示范路"车在路上行,人在画中游"的美好意境。

③温拌沥青、绿色能源开发利用、绿色照明等绿色交通技术的应用,节能减排效益突出,打造了全国第一个低碳(绿色)二星服务区。

④通过路域生态工程技术的应用,公路建设对沿线生态系统的影响降低到最低程度,路域植被覆盖度达45%,植被恢复系数98%以上,路域水土流失程度轻微。

2. 经济社会效益

①通过节约公路用地设计技术、公路服务设施合理规模与布局、排水降噪沥青路面设计

与施工技术、超薄沥青混凝土面层技术、温拌沥青路面技术以及施工废弃生物材料循环利用技术等资源节约类技术的应用,节约用地约220万 m^2,直接节约建设资金约3.22亿元。

②通过集中应用绿色能源开发利用、绿色照明、服务区雨水与生活污水资源化、生活垃圾资源化等绿色建筑技术,西海服务区运营成本同传统服务区相比减少20%左右。

③通过交通安全保障技术的规模化应用,显著改善了庐山西海高速公路运营期的交通安全形势,提高了通行能力,有利于运输经济成本的降低。同时,科技示范项目发挥明显的作用,减少了事故损失。如本项目全线设置的18个可导向防撞垫,投入费用近40万元。2012年1月和3月,先后避免了两起交通伤亡事故,社会效益显著。

3.绿色低碳科技创新成果

(1)形成了"人、路、环境三位一体,和谐共融"的平安公路、绿色公路建设理念

通过科技示范工程的实施,总结形成了"人、路、环境三位一体,和谐共融"的平安公路、绿色公路建设理念。在公路规划设计、施工及运营过程中,将人、路、环境作为一个不可分割、有机联系的整体看待,树立全寿命周期理念,充分考虑人与环境的需求。人与路和谐,注重安全和服务,建设平安公路;路与环境共融,强调因地制宜和环境友好,打造绿色公路。

(2)解决了水环境敏感区高速公路运营期危化品运输事故环境风险的防控关键技术

基于柘林湖水环境保护技术需求,庐山西海高速公路开展了高速公路沿线水环境安全保障关键技术研究,并先后列入交通运输行业联合科技攻关项目计划和江西省科技支撑计划,研究建立了基于自动控制的危化品运输事故应急蓄纳设施与桥面雨水径流处理设施一体化设计技术,形成了多级串联组合路桥面雨水径流污染控制技术,集成高速公路监控、通信系统并开发了高速公路水环境风险预警监测系统。通过科技攻关,解决了水环境敏感区高速公路运营期危化品运输事故环境风险的防控关键技术,成果达到国际领先水平。

(3)集成创新了智能公路交通安全保障与应急处置、绿色公路建设技术

在江西省首次应用无人机遥感技术进行了高速公路高分辨率遥感影像的获取,并与高分辨率卫星遥感影像融合,构建了高速公路高分辨率影像数据库;形成了公路三维模型自动生成技术,首次研制并应用了雾区行车智能诱导技术等。

构建绿色公路的评价方法与指标体系,建立基于3S(遥感、全球定位系统、地理信息系统)技术的旅游公路景观规划技术体系,形成了基于无人机与高分遥感数据源的旅游公路生态景观监测能力分析方法与公路影响区景观综合评价方法,开发基于地理信息系统的弃土场管理三维系统,构建了高速公路环保示范基地建设质量控制体系与环保示范基地评定标准体系。研究成果达到国际先进水平,其中在绿色公路评价技术方面居国际领先水平。

(4)完成了33项交通科技成果的推广应用工作,建设了一条集中展示安全、绿色交通技术的科普基地

在全线推广应用了33项交通安全保障、绿色交通新技术、新材料、新设备及新工艺，其中交通安全保障技术9项，生态旅游公路建设技术18项，资源节约型环境友好型公路建设技术6项，创造多个全国之最，有多个项目在全国或江西省属首次应用。通过交通安全、绿色交通技术的规模化运用，大幅度地提高了交通安全保障与服务水平，显著提高了公路绿色、环境友好程度，实现了打造安全、绿色交通科技示范基地的目标，形成了一条集中展示安全、绿色交通技术的科普基地。

庐山西海高速公路建设成果，先后获中国公路学会科学技术奖一等奖及二等奖各1项，水环境安全保障技术研究成果获江西省首届公路科技进步奖一等奖。

4.示范推广应用

项目取得的科技成果有力地支撑、指导了庐山西海高速公路的建设和运营管理，并在江西省抚吉、吉莲、井睦及万宜高速公路、甘肃武洛高速公路、云南小磨、保腾及大丽高速公路等项目得到了推广应用，有效提升了上述高速公路的交通安全与环境安全水平，生态保护与节能环保效益突出。项目配合中国公路学会成功举办了庐山西海高速公路安全绿色交通科技示范工程技术交流会，并通过《中国交通报》、《江西日报》及交通运输部网站等媒体多次对项目技术成果进行了专刊报道，极大提高了项目技术成果在交通运输领域的认可度和影响力，为扩大技术应用范围奠定良好基础。

第五章　陕西黄延高速公路建设绿色公路实践

一、项目概况

1. 项目简介

黄延高速公路建设绿色低碳公路主题性项目是陕西省按照习近平总书记"追赶超越"要求和革命老区扶贫开发重要讲话精神,以完善交通基础设施为先导,加快老区发展步伐的重点项目工程,对于陕西省"十三五"期间实施综合交通运输发展"586"行动,将西安打造成为全国综合交通运输建设和区域交通运输一体化发展示范区具有重要的战略意义。

黄延高速公路扩能工程是国家高速公路包茂线G65在陕西境内的重要组成路段,为西安至铜川高速公路的北延伸段。路线起点位于铜川市宜君县崖头庄,与铜黄高速公路相接,终点位于马家沟。项目建成通车后将形成一条关中连接陕北的独立快速通道,有利于完善国家高速公路网结构,同时提升陕西南北高速公路纵向通行能力,密切"革命圣地"延安与关中的交通和经济文化交流,对促进陕北国家能源化工基地发展、推进陕北红色、人文精品旅游,加快追赶超越步伐,建设"三个陕西"具有重要意义。

2. 工程概况

黄延高速公路扩能工程起于铜川市宜君县崖头庄,止于延安市安塞县沿河湾镇南侧。项目全线长154.507km,按六车道高速公路标准建设,桥隧比40.6%,设计时速100km/h,路基宽度33.5m。全线路基土石方5214.68万m^3,防护排水175.73万m^3,桥梁48.325km/214座,隧道24203m/18座(双洞)。共设互通式立交9处、分离式立交25处、天桥17处、通道55处、涵洞366道;匝道收费站7处;服务区3处、停车区1处。在黄陵西、羊泉、甘泉、万花四个立交设置连接线。

3. 工程特点

黄延高速公路为陕西"一带一路"战略提供交通基础设施保障。同时,项目衔接革命圣地延安与中华始祖黄帝陵,文化示范意义突出。在工程地质方面,项目地处陕北黄土高原,地质条件复杂,建设要求高。此外陕北辐射区域内矿产丰富,承载重型运输车辆多,对路基、桥梁的技术水准要求高。

项目整体桥隧比高，施工难度大，具有应用节能减排新技术、新工艺的良好基础。综上所述，黄延项目创建绿色公路特色鲜明，示范意义突出。

二、建设理念

1. 总体思路

创建黄延高速扩能工程绿色公路按照三低一高（低能耗、低排放、低污染和高效率）的核心价值理念，在规划、设计、施工、运营、养护等阶段中，将绿色循环低碳理念贯穿于整个过程中，把降低能耗、排放及污染物纳入核心建设目标，运用全寿命周期理论进行科学规划设计，在建设施工过程中采取新材料、新工艺、新方法、新能源，在运营养护阶段采用节能减排措施，引领"四个交通"建设，促进经济发展、带动社会进步、构建生态文明共赢。建设黄延绿色公路中发挥绿色交通引领，构建"四个交通"思路见表4-5-1。

建设黄延绿色公路中发挥绿色交通引领，构建"四个交通"思路　　表4-5-1

	规划与设计	建设与施工	运营与养护
绿色交通	设计中融入贯彻环保理念，最大限度地减少破坏	"无痕化施工"，严格控制生态影响，采用最为环保的施工组织方式；采用温拌沥青、施工集中供电等技术措施降低施工能耗	采用隧道照明风机节能；服务区建筑节能、污水处理、太阳能供电并网系统
平安交通	地质选线降低施工难度与工程量；提升道路等级提高平顺性，保障通行效率与安全	实施施工标准化，对桥梁、路基、路面等采取一系列施工措施，延长公路寿命，减少因公路早期破损带来的安全隐患	道路使用者能耗指示系统、道路安保指示系统保障出行安全
智慧交通	融入智能化管理	建设通信基础设施，保障指挥协调基本条件；实施施工期能耗监测、智能管控等措施	实施ETC、重载车辆不停车检测、智能监控等措施保障通行效率；对大桥、隧道、高原冻土等特殊路段实施智能监测
综合交通	规划构建综合交通运输通道、优化区域运输网络、为黄陵—延安铁路通道提供综合运输保障	优化大型施工机械、施工材料的运输组织；优化设计施工便道，发挥低碳运输优势	吸引跨陕西省的长途过境车辆及西安、延安两大国家运输枢纽城市之间的车辆便捷地利用高速公路，更好地承担国家高速公路所具有的高效、便捷、安全、舒适的运输功能

2. 总体目标

黄延高速扩能工程拟从全方位、全过程、全寿命周期实现绿色、循环、低碳，力争建设全陕西省、全国绿色示范路。

黄延路工程效益——以绿色循环低碳技术为依托,充分利用已有资源,节约能耗、减少温室气体和污染物排放,节约建设投资及运营经费,在公路寿命周期内创造优异的经济效益和社会满意度。

陕西省公路示范——依托黄延高速公路扩能工程,打造陕西省高速公路绿色示范路,在陕西省范围内树立绿色工程典范,进一步提升陕西公路绿色技术品牌,成为陕西省第一条全国性绿色示范公路。

全国黄土区域绿色公路示范——全方位、多角度应用推广黄土高原地区使用的绿色循环低碳技术,进一步推进我国黄土高原公路建设、养护、运营中的绿色公路建设的可持续发展,形成相应的标准规范。

三、建设实践

1. 探索黄土高原生态环境保护

一是黄土地区隧道弃渣利用变废为宝。本项目利用隧道弃渣生产加工砂石料,用于隧道衬砌混凝土骨料约 44.71 万 m^3,利用隧道弃渣加工成碎石用于路面垫层约 21.50 万 m^3,利用隧道弃渣用于路堤填筑约 128.69 万 m^3,实现了隧道弃渣的资源化利用和合理优化配置,达到经济、环境和社会效益的协调统一。

二是表土收集循环利用。路基建设过程中清表施工挖除的大量表土土质较好,可用于临时场地地面建设、工程绿化、耕地复垦。表层腐殖土收集利用项目采用机械和人工结合的方式对表土进行收集,用于施工后期的临时占地复耕复垦和环保绿化,加快了公路沿线绿化进程,减少了施工对自然环境的侵扰,有效地保护了原生植被资源。

三是项目区域降水量少,实施施工期废水处理与循环利用。本项目针对隧道污水设置废水沉淀池 72 座,靠近Ⅱ类水体河流和红庄沟附近隧道施工增设 5 处蓄水池,预防污水可能造成的环境污染。同时在黄延高速公路每个预制场建设了一套养生水循环系统,全线共 24 套。系列措施有效地减少施工对周边水环境的影响,节水效果明显。

四是公路生态建设和修复工程。设计实施了完善的路基绿化措施,较好地防止了路基挖填人工边坡、裸露面雨滴击溅侵蚀、径流侵蚀,具有良好的水土保持功能。生态与美观兼备,经济效益与环境效益并举。在保护生态环境的同时满足了公路对环保绿化、景观、消除驾驶员疲劳及调节道路使用者视觉情绪等多方面的要求。

2. 黄土地区公路建设技术创新

务实创新,提升智慧交通技术水平,发挥绿色交通的引领作用。信息化、智能化水平是衡量交通运输现代化发展水平的重要标志。加快发展智慧交通,是推进交通运输管理创新的重要抓手,是提升交通运输服务水平的有效途径,也是推动交通运输转型发展的重要支撑。西部地区普遍基础设施建设资金较为有限,黄延高速公路在资金约束、工程条件恶劣、生态环境敏感的条件下,建设绿色、循环、低碳高速公路亟须务实创新,需要依靠科技上的投入。

在设计阶段,控制测量采用了国内的系统进行中桩敷设,随时进行总体方案的比较优化,不仅提高了工效,同时提高了勘察设计质量。

在建设过程中,沿线附属设施清洁能源综合利用、高原服务区太阳能并网发电系统等研究成果及新技术、新材料、新设备、新工艺,保证工程质量和技术水平的先进性。

在公路运营中,大力发展智能交通系统,保证安全畅通,降低道路使用者能耗,提高使用者通行效率。ETC 不停车收费系统的设置一方面提高了通行速率,降低车辆怠速燃油消耗并减少环境污染,另一方面也减少了收费人员的人力投入,节约了公路管理成本。

黄延高速公路建立施工标准化管控系统,以信息化、智能化为牵引,推动现代信息技术与交通运输管理和服务全面融合。

3. 提升黄土区域交通可靠度,保障群众出行安全

本项目在设计阶段就加强了线形优化设计,结合地形地貌与自然环境,合理改善视距和行车线形,保障行车安全。

黄延高速穿越黄土高原沟壑区,地形起伏较大,切割强烈,边坡陡立,黄土梁峁沟壑区侵蚀作用强烈,地质条件较为复杂。项目区域内存在滑坡、崩塌、湿陷性黄土、过湿土、膨胀土等不良地质现象。为提高公路耐久性能,避免早期损毁,结合原有设计,对 40km 重载交通量路段采用耐久性路面结构。还通过多种方式加强安全设计。路线山高坡陡,地形条件复杂,通过改善线形、增加视距、加强安保措施等手段减少安全隐患、合理设置避险车道,结合实际地形增设停车带、休息区等措施,增强了运行安全性。

4. 绿色公路示范效益良好

统筹资源利用,实现资源集约。项目在设计和建设阶段采用创新技术及工艺,积极开展隧道弃渣利用,废水处理和循环利用工程,有效地解决了我国公路建设中普遍存在的循环利用率低、能源耗用高等问题。

加强环境保护,实现绿色和谐。项目在设计、施工和运营的全过程中,注重沿线土地、水体和植被的保护工作,通过沿线绿化、沿线设施污水资源化等工程实现了人与自然的和谐发展。

着眼周期成本,强化建养并重。项目贯彻全寿命周期成本思想,对规划设计、建设施工和养护管理全过程进行统筹考虑和系统管理,实现了质量与效益的双赢,解决了我国公路

建设中轻养重建,缺乏统筹的问题。

5. 循环利用兼顾经济效益

黄延高速公路在实际施工期间积极开展资源循环利用工程,生态保护与经济效益兼顾,有效地节约了建设资金。

本项目所有施工标段集中供电,相比于柴油发电,不仅清洁、节能,更降低了能源成本。根据隧道弃渣的构成与施工需求,制成机制砂应用于施工中,实现了隧道弃渣的资源化利用和合理优化配置,降低了购买与运输建筑材料的成本,经济效益显著。项目建设施工过程中注重耐久性设计,延长了道路寿命,减少了养护维修导致的拥堵延误成本。

此外,项目还注重施工过程中废水处理和循环利用,通过设置废水沉淀池和建设养生水循环系统,有效地减少施工对周边生态环境的影响,生态效益明显。

四、建设成效

黄延高速扩能工程山岭起伏、沟壑纵横,桥隧比高,施工难度大。控制能耗和排放,要首先分析耗能和影响环境的工程项目组成、分类及可能采取的节能减排途径和环保、水土保持措施。

黄延项目在隧道节能照明、太阳能利用、服务区天然气供暖、温拌沥青路面等多个项目上开展绿色环保节能方面的实施工作。通过开展各项节能减排工作,在项目建成通车后,不仅缓解了通道交通压力,而且使用者总的能源消耗得以降低,整个运营期内运营期年均消耗电能 2359 万 kW · h,汽油 16t、柴油 298t;共可节约燃油 17.88 亿 L,节约资金 111.34 亿元。本项目的建成能有效节约能源、降低环境污染,节能效益显著。

黄延高速建设极大地调动了陕西省交通建设的积极性,打造了公路建设新亮点,充分发挥了示范作用。

第六章　浙江淳杨公路建设绿色公路实践

一、项目概况

1. 项目简介

淳杨公路(图4-6-1)起点位于淳安县县城千岛湖镇,终点位于汾口镇(淳安县第二大

a)　b)　c)　d)　e)　f)

图4-6-1　淳杨公路建成通车后照片

中心镇),全长64.6km,采用二级公路标准建设,双向单车道,设计速度60km/h,总投资达25亿元。

2.工程概况

淳杨公路项目分两期建设,一期千岛湖镇至上江埠大桥段长11.8km,2008年9月开工建设,2011年6月完工;二期上江埠大桥至汾口镇段长52.8km,2012年12月开工建设,2014年9月完工。在二期改建过程中,在公路临湖一侧同步设计并建设了骑行绿道,绿道宽5m,其中绿化隔离带1.5m,骑行道3.5m,基本与公路并行,部分路段利用半岛向外延伸,淳杨绿道总长约75km,与2013年建成的千汾绿道共同组成150多km的环千岛湖绿道。

3.工程特点

淳杨公路是一条穿乡过村、为乡村发展注入血液的发展之道、致富之路;一条亲近湖山、林水、融入自然、突显青山绿水的观光游憩型风景绿道。工程建设充分考虑乡村经济分布格局、充分理解对山水林湖景观的保护,充分挖掘并串联沿线层次丰富的湖岛和优美的山林景观资源及质朴的村落景观。

二、建设理念

1.总体思路

打造以服务乡村为主,兼顾观赏自然山水、体验乡村田园景观,体现"绿水青山就是金山银山"的农村公路。

2.建设目标

营造"一路一景"的美丽格局,打造生态路、景观路、富民路。把淳杨公路建成为连接县城与里商乡、安阳乡、大墅镇、枫树岭镇和汾口镇五个乡镇约十多万人口的一条乡村振兴的发展之路。

3.设计理念

按照习近平总书记提出的"绿水青山就是金山银山",立足于千岛湖一流的生态优势,把"美丽公路"理念贯穿于淳杨公路的设计、建设、管理、养护、运营全过程,充分展示沿线山、水、林、田、湖等生态自然景观,挖掘、整合公路沿线各类自然资源和人文资源,发展乡村旅游,推动美丽乡村建设,振兴乡村经济。

三、建设实践

1. 绿色设计

坚持生态优先、环保至上、人与自然和谐相处的理念。

①线位设计契合山水风貌。为充分展现千岛湖的资源优势，在项目设计选线时，尽量沿湖布设，显山露湖，淳杨公路70%为临湖路段。有序组织透景、漏景、框景等多样性的观景体验，顺应自然，宜弯则弯、宜窄则窄，路面随坡就势、起伏顺适，打造“车在路上走，人在画中行”的美丽意境。绿道在临湖一侧，双向通行，充分利用废弃老路、乡间小路，实现绿道与主干道的分离，既保障了骑行安全，又增添了许多野趣。针对淳安山多、湖湾多的特点，多设计隧道、桥梁，做到少挖山、慎填湖，减少景观破坏，全线共建设隧道6座、桥梁14座，尽量保持了山的原貌和水的灵动。

②景观营造注重车移景异。以周边不同的自然景观资源为导向，沿线穿越湖湾、峡湾、田园、山林，形成绿道滨湖模式、山林模式、田园模式等三种断面类型。绿化景观依据公路沿线周边环境，采取不同的处理手法，组织形成滨湖开敞型、山林郁闭型、田园通透型等多元的景观段落空间，从而引导行车视线，并在骑行中展现自然优美、丰富多变的动态画卷，达到“车移景异、一步一景”的效果。

③植物配置突出乡土气息。公路沿线选植乡土树种，通过不同路段栽植不同季相的观叶、观花、观果特色树种，形成全线季相鲜明、色彩丰富的环湖风景廊道。全线骨架行道树选取秋色叶乔木无患子、枫香、黄山栾树、重阳木，营造四个主题林荫段落。沿线停留节点通过色叶、观花、观果特色树种的群植、丛植、孤植形成主季相突出、乡土特色显著的绿化植物景观。全线共栽植色叶乡土树种25种，观花树种23种，观果树种25种，药用、经济树种20种。

④绿化布局强调景观通透。注重凸显沿线景观优势，尤其对临湖路段，追求景观视线通透，通过修剪行道树木，种植低矮花卉植物，拉长种植间隔等举措，减少沿湖绿化遮挡，将湖泊的视觉窗口打开，向大自然“借景”，实现路与湖的完美融合。在条件允许的路段，划出若干车位，打造观景平台，营造良好的观景效果。

2. 绿色施工

①施工模式极尽科学环保。在土石方处置上，摒弃了“边挖边填”的传统做法，通过相对集中借方取土，减少破坏面，达到土石方的综合平衡；在资源利用上，注重节约和循环使用，开挖出来的废弃石料经加工用来砌边坡和铺路面，实现节省成本、减少环境污染；在施工方式上，实行“边施工、边复绿”，尤其是首次实施了下边坡复绿，使公路与湖景、山景自然

融合,营造了“路在景中走”的美丽画卷。

②施工管理打造标杆示范。严格按照流程,对每道工序、每个环节、每件材料都进行检查、检测,全面把好质量、安全、进度、环保等关口。同时,创新管理手段,采取“一道工序,一次现场会,一套施工标准”的模式,对路基填筑、生态修复、路面摊铺等12道工序,召开现场会进行示范,各标段管理人员、技术人员集中观摩学习,统一施工标准、量化技术要求,确保全线高质量、高标准施工。

③施工过程注重生态修复。坚持因地制宜,针对不同地形情况进行科学处置。在生态修复上,对沿线裸露挡墙、山体边坡、下边坡消落带全面生态修复,针对挡土墙墙面,通过基础绿带遮挡覆绿,采用“下遮上挂、下攀上垂”的方式,依据不同基础绿带宽度形成不同的自然式遮挡绿化,墙基栽植吸附类藤本植物,墙顶通过垒石覆土栽植藤蔓观花植物。针对沿线山体边坡,丛植映山红、美人梅、紫荆等不同植材,营造不同季相特色的山体边坡绿化景观。针对沿湖消落带下边坡,采取分层配植,依据不同水位线配置不同的耐水湿草本植物,以丛植、散植的方式,营造野趣自然、季相丰富的消落带绿化景观。

3.绿色管理

环境整治立体综合。突出环境整治先行,拉高标杆,对淳杨公路沿线集中开展环境综合整治,做到可视范围内没有视觉污染。

①建立“路长制”,落实治理责任。由县领导担任路长,对公路沿线环境问题实行责任包干,提升治理效果。

②成立“巡查办”,推进长效管理。从交警、路政、渔政等部门抽调专业执法人员,组建县巡查办,开展集中办公、联合执法。突出全面综合,推进“临湖+沿线”全域巡查,基本实现“问题一网打尽、管理全面覆盖”。

③统筹治理,提升路域环境。坚持“三理并举、七相联治”,即治理、管理、整理“三理并举”,路相、湖相、坡相、林相、田相、村相、户相“七相联治”。以路为轴心,先后投入8500余万元对公路沿线杆线序化,开展沿线集镇、村庄、沙场、湖面整治以及农业景观、森林彩化等综合环境整治工作,推进沿线可视范围内山、水、林、田、湖等景观元素的统筹治理,实现“道路洁化、边坡绿化、田园彩化、河道净化、建筑序化、村庄美化”的整治效果。

4.绿色低碳和创新技术应用

按照拟定的绿色低碳和创新技术应用目标,淳杨公路通过开展绿色低碳和创新技术应用,产生了良好的示范效果。

①围绕环保施工技术应用、新能源与清洁能源应用、绿色服务区、绿化与噪声治理、智慧公路和绿色公路管理能力建设六个方面,开展了6个大项、41个分项的节能减排项

目建设的实施与推广应用。在车辆超载超限不停车预检管理系统中安装两块可变情报板,用于路政信息的宣传与告知。对淳杨公路路面热拌沥青混合料拌和楼进行油改气及部分构件升级改造,完成 JD2000 型沥青搅拌站改造 1 台。在淳杨公路建设过程中,采用节能型诱导标(如太阳能爆闪灯、警示灯、诱导标等)共 41 处。在淳杨线港口大桥完成 1 套不停车超限检测系统,大大提升了对超限车辆的管理和监督效率。在下姜隧道内安装了 8 台 15kW 的射流风机,采用智能通风控制系统,显著减少隧道通风用电。在下姜隧道和观山岭隧道共完成 774 盏 LED 节能灯具,全线隧道节能灯具覆盖率达 100%。

②路基边坡防护。采用生态护坡,建设重力挡墙和路肩墙,达到风景秀美且坚实耐用的目的。环境保护(大气、水、噪声)。开展多项综合整治,严控施工过程中的大气、水、噪声污染,进行实时监测与治理,守住生态环保的底线。制定了专项水土保持方案,对施工及后期运行过程中的水土流失进行专项治理,确保水土资源不流失。在施工时同步进行边坡复绿,达到工程完工时已是绿意盎然的绿色生态景象。

③全天候雨夜反光标线。采用新型反光热熔胶,提高道路行驶安全的同时提升道路整体的美观程度。方案设计取法自然、因地制宜,宜弯则弯、宜窄则窄,路面随坡就势、高低错落有致,将景观与生态环保融合一致。项目全过程采用散装水泥,减少水泥散失和包装袋的使用,最大限度节省资源。工程建设过程中,通过采用景观绿化设计,达到景致与工程和谐共生,相得益彰的生态体验。依托淳杨线绿道建设,建设自行车道,形成环湖综合性慢道。开展项目驻地标准化建设、施工过程标准化建设,确保工程标准有序、安全文明、节能环保。

四、建设成效

1. 建设效果

淳杨公路及绿道的建设,实现了“修一条路,造一片景,富一方百姓”的美好愿景。

①公路通行保障能力显著提升。淳杨线没通的时候,从下姜到千岛湖镇,40km 高低不平的“搓板路”,需要 3 个小时才能到达。2003 年 4 月,时任浙江省委书记习近平第一次考察下姜村时,先乘船、后乘车,整个路程几经曲折。因为路不好,很多人一辈子没进过县城。淳杨公路建成后,实现了县域“1 小时交通圈”,极大改善了里商、安阳、大墅、枫树岭、汾口等沿线 10 余万群众的交通出行。

②经济带动辐射能力更加强劲。随着淳杨公路改造完成,150km 的环千岛湖绿道网成环(北线千汾绿道,南线淳杨绿道),实现了沿线景观、产业节点的有机串联,推进了沿线产业的优化布局,为乡村振兴奠定了坚实基础。环千岛湖绿道串联起沿线 7 个旅游风情小

镇、22 个乡村旅游景点、76 个休闲农业点、11 个登山露营基地。2017 年,全县乡村旅游接待游客 638.8 万人次,实现乡村旅游收入 7.4 亿元,分别同比增长 31.2% 和 38.1% 。

③美丽公路品牌影响力逐渐增强。淳杨公路及绿道,吸引了中央电视台、人民日报、光明日报等各级新闻媒体的广泛关注和宣传报道,"美丽公路"品牌初步打响,已经成为一张形象名片,得到了交通运输部与浙江省领导的批示肯定。先后荣获"浙江省建设工程钱江杯奖""全国优秀设计成果奖""省级精品示范道路""浙江省最美自驾公路""全省最美绿化通道""全省十大最美绿化县道"等奖项;淳杨绿道先后被评为"中国体育旅游十佳精品线路""中国最适合骑行游览线路""浙江省十大经典绿道""浙江最美绿道"。骑游人数从 2013 年的 20 万人次,2014 年 35 万人次,2015 年 72 万人次,2016 年 100 万人次,上升到 2017 年的 118 万人次。

④低碳环保、节能减排效益十分显著。工程节能减排效益包括内源性节能减排及外源性节能减排。内源性节能减排主要是绿道建设、规划、设计本身所带来的直接节能或减排效益,例如资源节约型路面的使用、废方处理、水泥稳定基层等。根据测算,建设期废方处理、资源节约型路面、低剂量抗裂水泥稳定基层可分别节能 2069t、400t、262t 标准煤,分别减排 7328t、1418t、927t 二氧化碳。外源性节能减排主要是绿道建设带来的间接的节能减排,如绿道植物碳汇、绿道自行车出行替代一般车辆出行(绿色出行)等,根据测算,运营期 20 年绿色出行可节能 14561 吨标准煤,减排二氧化碳 28946t,绿道植物碳汇可减排二氧化碳 5281t。

2. 经验总结

探索"旅游公路"向"公路旅游"转型,将道路融入大自然的交通发展理念是"公路旅游"的基础,协调好建设与生态、现代与乡土、造景与借景的关系是提升道路旅游服务功能的抓手。突出"五个注重":

①注重生态保护。处理好公路建设与环境保护的关系,牢固树立尊重自然、顺应自然、协调发展的意识。将生态理念贯穿于建、管、养、运始终,尽可能减少环境扰动。因地制宜利用老路、河堤、村道;对老路两边大树移植;使用有机肥、沼气液绿化养护。宁可造价成本高一点、建设难度大一点,也要把生态理念作为首位强化落实。

②注重景观融合。少"造景"多"借景",使公路自身景观与沿线自然风景相辅相成、融为一体。绿化设计体现"乡土气息"。采用本地生长、容易养护、老百姓喜闻乐见的植物花卉,让人"留得住记忆,记得住乡愁"。节点建设突出"一站一品"。充分结合当地的人文、自然资源,打造形态各异、主题鲜明的节点景观。景观营造强调"线面结合"。依托千岛湖这一得天独厚的资源优势,在湖面开阔路段,少种行道树,多种低矮草本植物及花卉,向大自然"借景"。

③注重以人为本。始终把人的体验观感与安全作为第一考量。在公路临湖一侧同步设计、建设骑行绿道，绿道部分路段向半岛或是林地、田园延伸，给骑游者以良好的观景体验；通过绿化隔离带，把绿道与公路隔开，实现“机非分流”，保障骑行者的安全；在公路及绿道沿线建设驿站，为游客提供吃、住、行、游、购、娱等配套服务。

④注重环境整治。统筹协调林业、住建、水利、电力等部门及沿线各乡镇共同参与，道路沿线广告牌整治、村庄美化、森林彩化、杆线序化、河道净化等都取得了良好的效果。

⑤注重服务经济。在建设“旅游公路”的过程中，积极向“公路旅游”转变，探索“交通+体育”“交通+旅游”模式。近年来，开展中国自行车联赛、千岛湖国际马拉松、国际毅行大会等大型体育赛事40余场，吸引国内外28万参赛者走进千岛湖。“公路旅游”改变了千岛湖过去“下湖游”的单一旅游模式，更多的游客选择“上岸游”。同时，通过公路及绿道，将沿线的乡镇、村庄、果园、景点、民宿、农家乐等，串点成线，串珠成链，打通美丽经济走廊，推动全域旅游。

附　　录

附录一：中国绿色公路发展大事记

2001 年　7 月　原交通部印发《公路水路交通“十五”发展计划》，首次提出公路可持续发展，旨在合理使用、节约和保护资源，积极推进绿色通道工程建设。在可持续发展理念下，建立了我国第一条与自然环境相协调的示范公路——川九路，继而又建成了我国沙漠地区第一条“绿色高速走廊”——陕西榆靖高速公路。

2003 年　5 月　原交通部颁布《交通建设项目环境保护管理办法》，加强交通建设项目环境保护管理，预防交通建设项目对环境造成不良影响，促进交通事业可持续发展。

2004 年　4 月　原交通部印发《在公路建设中实行最严格的耕地保护制度的若干意见》，贯彻党中央、国务院关于“实行最严格的耕地保护制度”的一系列方针和要求，在公路建设中进一步合理利用土地资源，提高土地利用率。

8 月　原交通部在南京组织召开全国公路勘察设计工作会议，冯正霖副部长在会上提出“六个坚持，六个树立”的公路勘察设计新理念。

2005 年　3 月　原交通部印发《交通行业树立和落实科学发展观指导意见》，部署交通行业牢固树立和认真落实全面、协调、可持续的科学发展观，丰富发展内涵，开拓发展思路，更好地把交通事业全面推向前进。

9 月　原交通部印发《关于进一步加强山区公路建设生态保护和水土保持工作的指导意见》，明确提出采取切实措施保护和改善生态环境。山区公路建设要全面落实“安全、环保、舒适、和谐”的建设理念，按照“预防为主，保护优先，防治结合，综合治理”的原则，牢固树立“不破坏就是最大的保护”的思想，坚持最大限度地保护、最小程度地影响、最强力度地恢复，实现公路建设与环境保护并重，公路项目与自然环境和谐。

2006年 4月 原交通部发布《建设节约型交通指导意见》,提出强化节约意识,提高认识,牢固树立在发展中注重节约的理念,自觉把节约资源的理念贯穿于交通工作全过程。倡导绿色交通和清洁运输,合理开发、节约和集约使用资源。

10月 交通部印发《关于交通行业全面贯彻落实国务院关于加强节能工作的决定的指导意见》,全面贯彻落实国务院《关于加强节能工作的决定》精神,努力建设资源节约型、环境友好型行业,使交通事业切实转入全面协调可持续发展的轨道。

2008年 6月 交通运输部印发《交通运输行业公路水路环境监测管理办法》,加强和规范交通运输行业公路水路环境监测工作,以进一步提高交通运输行业环境保护管理水平。

7月 交通运输部颁布《公路、水路交通实施〈中华人民共和国节约能源法〉办法》,促进公路水路交通节约能源,提高能源利用效率。

8月 交通运输部发布《公路水路交通节能中长期规划纲要》,明确提出分别到2010年、2015年、2020年公路水路交通节能目标、主要任务、重点工程和保障措施。

2009年 2月 交通运输部印发《资源节约型环境友好型公路水路交通发展政策》,指导公路水路交通行业调整产业结构、转变发展方式,走资源节约、环境友好的发展道路,不断提高"三个服务"的能力和水平,推进现代交通运输业发展。

2010年 5月 交通运输部发布《公路环境保护设计规范》(JTG B04—2010)的公告。

2011年 2月 交通运输部印发《建设低碳交通运输体系指导意见》和《建设低碳交通运输体系试点工作方案》的通知,全面贯彻落实国家应对气候变化的工作部署,部署加快建设以低碳排放为特征的交通运输体系。

6月 交通运输部印发《交通运输"十二五"发展规划》,提出树立绿色、低碳的发展理念,继续推进资源节约型、环境友好型交通行业建设,加快建立以低碳为特征的交通运输体系,强化节能减排,集约节约利用资源,促进资源循环利用,加强生态和环境保护,实现交通运输绿色发展。

6月　交通运输部印发《公路水路交通运输节能减排"十二五"规划》,明确提出"十三五"交通运输节能减排工作目标、主要任务、重点工程和保障措施,以进一步提高交通运输行业能源利用效率,促进能源消费结构优化升级,降低二氧化碳排放强度,建设低碳交通运输体系,实现国家"十二五"规划纲要提出的节能减排目标。

2012年　1月　交通运输部印发《公路水路交通运输节能环保"十二五"发展规划》,全面落实《国民经济和社会发展第十二个五年规划纲要》对环境保护工作的要求,明确提出"十二五"期公路水路交通运输环境保护工作的指导思想、基本原则、发展目标和主要任务。

9月　交通运输部颁布《关于加快推进公路路面材料循环利用工作的指导意见》,部署加快推进路面材料循环利用工作。

2013年　5月　交通运输部颁布《加快推进绿色循环低碳交通运输发展指导意见》,指出要深入贯彻落实党的十八大精神,按照建设"五位一体"总体布局的要求,以科学发展观为指导,以节约资源、提高能效、控制排放、保护环境为目标,以加快推进绿色循环低碳交通基础设施建设、节能环保运输装备应用、集约高效运输组织体系建设、科技创新与信息化建设、行业监管能力提升为主要任务,以试点示范和专项行动为主要推进方式,将生态文明建设融入交通运输发展的各方面和全过程,加快建成资源节约型、环境友好型交通运输行业,实现交通运输绿色发展、循环发展、低碳发展。

为贯彻落实交通新理念,"十二五"期间,交通运输部规划司先后组织了一批包括绿色公路在内的绿色交通区域性、主题性项目,有力推动了我国绿色公路的发展。

9月　交通运输部颁布《关于科技创新推动交通运输转型升级的指导意见》,提出了促进绿色循环低碳交通运输发展的重点任务。

2014年　6月　交通运输部颁布《关于交通运输行业贯彻落实〈2014—2015

		年节能减排低碳发展行动方案〉的实施意见》,提出到2015年交通运输能源利用效率显著提高,用能结构得到改善,交通环境污染得到有效控制,二氧化碳排放强度明显降低,绿色交通发展取得显著成效的工作目标。
	12月	交通运输部颁布《交通运输部关于全面深化交通运输改革的意见》,提出了推进交通运输治理体系和治理能力现代化的总目标。
2016年	3月	交通运输部印发《交通运输科技"十三五"发展规划》,提出到2020年,基本建成安全、便捷、高效、绿色的现代综合交通运输体系,部分地区和领域率先基本实现交通运输现代化的发展目标。
	6月	交通运输部印发《交通运输节能环保"十三五"发展规划》,明确提出"十三五"交通运输节能环保工作目标、主要任务和保障措施,部署推进以节能环保作为转变交通运输发展方式的重要抓手,充分发挥绿色交通对交通运输现代化的引领作用。
	7月	交通运输部印发《关于推进公路钢结构桥梁建设的指导意见》(交公路发〔2016〕115号),部署推进公路钢结构桥梁(包括钢箱梁、钢桁梁、钢混组合梁等桥梁)建设,以推进公路建设转型升级,提升公路桥梁品质,充分发挥钢结构桥梁性能优势。
	8月	交通运输部印发《关于实施绿色公路建设的指导意见》,提出到2020年,绿色公路建设标准和评估体系基本建立,绿色公路建设理念深入人心,建成一批绿色公路示范工程,形成一套可复制、可推广的经验,行业推动和示范效果显著,绿色公路建设取得明显进展的建设目标。
	12月	交通运输部印发《关于打造公路水运品质工程的指导意见》,提出通过开展公路水运品质工程示范创建,重点培育一批示范创建项目,通过示范引领、稳步推进,总结推广创建经验,建立健全创建机制和评价体系,引导全行业扎实推进品质工程建设,推动行业技术进步,全面提升公路水运工程质量安全水平的目标。
2017年	1月	交通运输部发布《绿色交通标准体系(2016年)》,充分发

挥标准化在规范公路、水路交通运输节能降碳、生态保护、污染防治、资源循环利用、监督管理等方面的支撑作用。

交通运输部开展实施第二批绿色公路建设典型示范工程。

2 月　国务院印发《“十三五”现代综合交通运输体系发展规划》,提出推进资源集约节约利用,交通运输绿色化发展重点工程。

4 月　交通运输部印发《推进交通运输生态文明建设实施方案》,提出组织开展绿色交通示范项目,创建绿色公路示范的重点任务。

5 月　交通运输部开展实施第三批绿色公路建设典型示范工程。

11 月　交通运输部印发《关于组织开展旅游公路示范工程建设的通知》,全面贯彻落实交通运输部等六部门联合印发的《关于促进交通运输与旅游融合发展的若干意见》(交规划发〔2017〕24号)要求,进一步拓展公路旅游功能,发展旅游产业,服务旅游经济,部署组织开展旅游公路示范工程建设。

11 月　交通运输部印发《全面深入推进绿色交通发展的意见》,提出交通基础设施生态保护工程,推进绿色基础设施创建的重点工程。

12 月　交通运输部颁布《关于全面深入推进绿色交通发展的意见》,重点推进绿色基础设施创建、实施交通廊道绿化行动、开展交通基础设施生态修复等任务。

为贯彻落实绿色公路建设要求,推动公路建设转型升级,经交通运输部同意,批准 33 个绿色公路建设典型示范工程,重点开展“零弃方、少借方”“实施改扩建工程绿色升级”“积极应用建筑信息模型(BIM)新技术”“推进绿色服务区建设”“拓展公路旅游功能”五大专项行动,推进绿色公路建设的全面实施。

附录二:中国绿色公路主要政策文件一览表

序号	内　　容	发 布 日 期	发布机构
1	公路工程节能管理规定(试行)(交体法发〔1997〕840 号)	1997 年 12 月	原交通部
2	交通建设项目环境保护管理办法(交通部令 2003 年第5 号)	2003 年 05 月 03 日	原交通部
3	关于印发在公路建设中实行最严格的耕地保护制度的若干意见(交公路发〔2004〕164 号)	2004 年 04 月 06 日	原交通部
4	关于印发交通行业树立和落实科学发展观指导意见(交规划发〔2005〕131 号)	2005 年 03 月 30 日	原交通部
5	关于印发进一步加强山区公路建设生态保护和水土保持工作的指导意见的通知(交公路发〔2005〕441 号)	2005 年 09 月 23 日	原交通部
6	关于印发建设节约型交通指导意见的通知(交规划发〔2006〕140 号)	2006 年 04 月 05 日	原交通部
7	关于交通行业全面贯彻落实国务院关于加强节能工作的决定的指导意见(交政法发〔2006〕592 号)	2006 年 10 月 25 日	原交通部
8	交通运输行业公路水路环境监测管理办法	2008 年 06 月 25 日	交通运输部
9	公路、水路交通实施《中华人民共和国节约能源法》办法(交通运输部令 2008 年第 5 号)	2008 年 07 月 16 日	交通运输部
10	关于印发公路水路交通节能中长期规划纲要的通知(交规划发〔2008〕331 号)	2008 年 08 月 29 日	交通运输部
11	关于印发资源节约型环境友好型公路水路交通发展政策的通知(交科技发〔2009〕80 号)	2009 年 02 月 26 日	交通运输部
12	交通运输部关于公布《公路环境保护设计规范》(JTG B04—2010)的公告(交通运输部公告 2010 年第 12 号)	2010 年 05 月 27 日	交通运输部
13	交通运输部关于印发《建设低碳交通运输体系指导意见》和《建设低碳交通运输体系试点工作方案》的通知(交政法发〔2011〕53 号)	2011 年 02 月 21 日	交通运输部
14	关于印发公路水路交通运输节能减排"十二五"规划的通知(交政法发〔2011〕315 号)	2011 年 06 月 21 日	交通运输部
15	关于印发公路水路交通运输环境保护"十二五"发展规划的通知(交规划发〔2012〕315 号)	2012 年 01 月 13 日	交通运输部

续上表

序号	内　容	发布日期	发布机构
16	关于加快推进公路路面材料循环利用工作的指导意见(交公路发〔2012〕489 号)	2012 年 09 月 27 日	交通运输部
17	关于印发《加快推进绿色循环低碳交通运输发展指导意见》的通知(交政法发〔2013〕323 号)	2013 年 05 月 22 日	交通运输部
18	关于科技创新推动交通运输转型升级的指导意见(交科技发〔2013〕540 号)	2013 年 09 月 18 日	交通运输部
19	关于交通运输行业贯彻落实《2014—2015 年节能减排低碳发展行动方案》的实施意见(交办法〔2014〕110 号)	2014 年 06 月 05 日	交通运输部
20	关于全面深化交通运输改革的意见(交政研发〔2014〕242 号)	2014 年 12 月 31 日	交通运输部
21	关于当前更好发挥交通运输支撑引领经济社会发展作用的意见(发改基础〔2015〕969 号)	2015 年 05 月 07 日	国家发展改革委
22	关于印发交通运输科技"十三五"发展规划的通知(交科技发〔2016〕51 号)	2016 年 03 月 16 日	交通运输部
23	关于印发交通运输节能环保"十三五"发展规划的通知(交规划发〔2016〕94 号)	2016 年 05 月 31 日	交通运输部
24	关于推进公路钢结构桥梁建设的指导意见(交公路发〔2016〕115 号)	2016 年 07 月 13 日	交通运输部
25	关于推动积极发挥新消费引领作用加快培育形成新供给新动力重点任务落实的分工方案(发改规划〔2016〕1553 号)	2016 年 07 月 13 日	国家发展改革委
26	关于实施绿色公路建设的指导意见的通知(交办公路〔2016〕93 号)	2016 年 08 月 01 日	交通运输部
27	关于打造公路水运品质工程的指导意见的通知(交安监发〔2016〕216 号)	2016 年 12 月 23 日	交通运输部
28	绿色交通标准体系(2016 年)(交办科技〔2016〕191 号)	2016 年 12 月 30 日	交通运输部
29	关于实施第二批绿色公路建设典型示范工程的通知(交办公路函〔2017〕5 号)	2017 年 01 月 11 日	交通运输部
30	关于印发"十三五"现代综合交通运输体系发展规划的通知(国发〔2017〕11 号)	2017 年 02 月 03 日	国务院
31	关于印发推进交通运输生态文明建设实施方案的通知(交规划发〔2017〕45 号)	2017 年 04 月 14 日	交通运输部
32	关于实施第三批绿色公路建设典型示范工程的通知(交办公路函〔2017〕552 号)	2017 年 05 月 05 日	交通运输部
33	关于印发"十三五"交通领域科技创新专项规划的通知(国科发高〔2017〕121 号)	2017 年 06 月 07 日	科技部、 交通运输部

续上表

序号	内　　容	发 布 日 期	发布机构
34	关于组织开展旅游公路示范工程建设的通知(交办公路〔2017〕149 号)	2017 年 11 月 01 日	交通运输部
35	关于全面深入推进绿色交通发展的意见(交政研发〔2017〕186 号)	2017 年 11 月 27 日	交通运输部